그림 없는 퍼즐

그림 없는 퍼즐
유현미

2022년 2월 21일 초판 1쇄 발행

지은이 유현미
발행인 조동욱
편집인 조기수
펴낸곳 헥사곤 Hexagon Publishing Co.
등 록 제 2018-000011호 (2010. 7. 13)
주 소 경기도 성남시 분당구 성남대로 51, 270
전 화 070-7743-8000
팩 스 0303-3444-0089
이 메 일 joy@hexagonbook.com
웹사이트 www.hexagonbook.com

ⓒ 유현미 2022 Printed in Seoul, KOREA

ISBN 979-11-89688-76-9 03810

이 책의 전부 혹은 일부를 재사용하려면 저자와 출판회사 헥사곤 양측의 동의를 받아야 합니다.

이 책은 국민체육진흥공단 소마미술관 전시《드로잉 나우》와 함께 제작되었습니다.

그림 없는 퍼즐

유현미

WWW.HEXAGONBOOK.COM

머리말

이 소설은 청소년과 어른을 위한 소설이다.

주인공 '블랭크'는 아무 그림도 색도 없는 흰색 퍼즐이다.
그는 자신의 정체성에 늘 혼란스러워하면서도, 언젠가는 당당히 큰 퍼즐 그림의 일원이 될 수 있을 거라는 꿈을 꾸며 씩씩하게 살아간다.
다른 퍼즐들이 하나둘씩 큰 그림을 찾고 홀로 남겨진 그는 온갖 우여곡절을 겪으면서 자신의 정체성과 꿈을 찾아가게 된다.

어쩌면 우리는 모두 한 조각의 그림 없는 흰색 퍼즐일지 모른다.
막연히 큰 그림의 일원이 되기를 꿈꾸며 고군분투하며
남들이 달리는 한 방향으로 숨도 쉬지 않고 맹렬히 달려간다.

이 책의 독자들도 주인공 그림 없는 퍼즐을 따라가면서, 같이 울고 웃고 그리고 마지막에는 자신을 찾을 수 있기를 바래본다.

차례

그림 없는 퍼즐	12
투명한 집	15
검은 밤바다에 하얀 마시멜로	21
노시보	29
기쁜 이별	34
플라시보	42
UFO, 나를 찾으러 온 우주선	49

쿨 퍼즐	57
빛나지 않는 별	63
갈색 퍼즐	70
듀엣, 서로의 배경	79
뮤즈	86
모두 같은 꿈	94
작가의 말	100

그림 없는 퍼즐

나는 아침에 일어나면 제일 먼저 거울 앞에 서서 온몸 구석구석을 살펴본다.

매일 봐도 달라지는 점은 없다. 하지만 이건 빠뜨릴 수 없는 하루를 시작하는 루틴이다.

'큰 키에 군살 없는 몸매, 매끈한 피부, 그리고 잘 발달된 몸의 곡선'

이만하면 퍼즐로서 꽤 훌륭한 체격이다.

다만 한 가지 아쉬운 점은, 여기에 아무 그림도 색깔도 없다는 점이다.

물론 그림이나 색 따위가 없다고 해서 살아가는데 큰 지장을 받는 것은 아니다. 하지만 나 같은 퍼즐의 입장에서는 이건 성가신 고민거리가 된다.

아마도 주변에서는 내가 이런 고민을 하고 있는지 모를 것이다. 친구들 앞에서는 그런 것 따위는 신경 쓰지 않는 척 일부러 외모에 무심한 태도를 보이기 때문이다.
하지만 나는 어떻게든 이 문제를 혼자 해결하려고 애써왔다.

첫 번째 시도는 '네가 먹는 것이 너를 완성한다.'라고 주장하는 영양학자의 말을 믿고 녹색 채소를 매일 열심히 먹어 본 적이 있었다.
피부는 더 매끈해지고 건강해졌지만 아쉽게도 나는 녹색 퍼즐로 완성되지는 못했다.

두 번째 시도는 '책 속에 길이 있다'라는 격언을 따라 동네 도서관의 책을 모조리 독파한 적이 있다. 과연 책 속에는 가보고 싶은 아름다운 여러 갈래의 길이 있었다. 하지만 거기에도 그림이 생기는 길 따위는 없었다.

마지막으로는 이발소에 걸려있는 사진을 보고 기도를 해본 적도 있다.
사진은 작고 소박했지만, 문구가 마음을 강하게 끌었기 때문이다.

어린 소녀가 무릎을 꿇고 십자가를 향해 기도하는 모습이었는데 거기에는 '간절히 기도하면 이루어진다.'라고 쓰여 있었다. 그래서 나도 그 소녀처럼 무릎을 꿇고 두 손을 모아 기도했다.
내 기도가 충분히 간절하지 않았던 것일까?
기도는 이루어지지 않았다.
'남들처럼 그림이 있는 평범한 퍼즐이 되고 싶은 것이 기대하면 안 되는 사치스러운 소원인 건가?'

투
명
한
집

누구나 인생의 첫 번째 기억이라는 것이 있다.
어떤 것이 최초의 기억인지 더듬어 보면 빛바랜 사진 같은 이미지가 희미하게 떠오를 것이다.
내 인생의 첫 번째 기억은 너무나 선명하다.
어찌나 생생한지 방금 찍은 폴라로이드 사진처럼 촉촉한 느낌이다.

그때 나는 어딘가를 날고 있었다.
나는 독수리처럼 양팔을 쭉 펼친 채 높고 푸른 허공을 여유롭게 빙글빙글 돌고 있었다.
눈 앞에 펼쳐진 풍경은 비현실적일 정도로 고혹적이었다.

하늘에는 물을 듬뿍 찍어 그려놓은 수채화 같은 구름이 둥실둥실 떠 있었고, 옹기종기 모여 있는 마을의 지붕들은 까마득히 멀어서 마치 장난감 집같이 작아 보였다.

나는 행복에 겨워 눈을 가늘게 뜨고 겨드랑이 사이를 스치는 간지러운 바람을 느끼며 평화롭게 비행을 하고 있었다.

하지만 멋진 기억은 딱 여기까지다.

왜냐면 저 아래 멀리 보이는 작은 지붕들이 갑자기 스르륵 커지며 나를 향해 무서운 속도로 달려왔기 때문이다.

그 속도라면 지붕이 곧 나에게 부딪힐 것 같았다.

'제기랄'

안타깝게도 나는 날고 있던 것이 아니고 떨어지는 중이었다. 너무 높은 곳에서 한참을 떨어져서 내가 날고 있는 것으로 착각했던 것뿐이다. 일단 상황은 파악했으나 어쩔 도리는 없었. 나는 마치 총 맞은 독수리처럼 곧장 아래로 곤두박질쳤다.

그리고 눈을 떠 보니 지금 사는 투명 집이었다.

그 후 여기서 쭉 살아왔으니 이곳은 나의 집이자 동시에 고향인 셈이다.

투명 집은 직육면체 형태로 전체가 비치는 플라스틱 재질로 이루어져 있다. 밖에서 보면 작고 소박해 보이지만 내부로 들어서면 의외로 넓고, 채광과 습도가 완벽하여 쾌적하다.

여기에는 많은 퍼즐이 함께 살고 있다.

퍼즐들은 언뜻 보면 비슷비슷해 보여도 형태와 색깔, 그림이 전부 다르다.
거기에 각자 다른 취향과 성격을 가지고 있다.
그러므로 세상에 완전히 똑같은 퍼즐은 단 하나도 존재하지 않는다.
이렇게 개성이 전부 다른 퍼즐들이 함께 생활하는 것은 힘든 일이다.
하지만 다행히 퍼즐들은 대부분 낙천적이고 서로를 잘 배려하므로 우리는 단체생활에서 있을 수 있는 흔한 말다툼도 거의 없이 잘 지내고 있다.

하지만 여기서의 생활이 아무리 즐겁다 해도 어느 퍼즐도 이곳에서 영원히 살기를 원하지는 않는다. 이곳은 일종의 임시거처로, 자신의 그림을 찾은 퍼즐은 즉시 이곳을 떠나야만 하기 때문이다.
퍼즐들은 언제라도 기꺼이 떠날 준비가 되어 있으며 모두 그날을 손꼽아 고대하며 이곳에서 묵묵히 기다리고 있다.

여기서는 누구나 꼭 지켜야 하는 규칙이 하나 있다.
언제라도 퍼즐을 찾는 손님이 찾아오면 반드시 하던 일을 멈추고 모두 한곳에 정렬하고 기본자세를 취해야 한다는 것이다.

퍼즐의 기본자세라는 것은 최대한 각자의 그림과 형태가 잘 보이도록 하는 것이다. 우선 그림과 색이 있는 부분이 위로 향하도록 바닥에 눕는다.
이때 얼굴은 천장을 바라보고, 팔과 다리는 최대한 곧게 뻗는다.
그리고 다른 퍼즐들과 겹쳐지지 않도록 서로 간에 일정한 간격을 유지한다.
평소에는 욕심도 없고 양보심이 많은 퍼즐들도 이때만큼은 되도록 눈에 띄는 중앙의 자리를 차지하고자 서로의 눈치를 본다. 그러나 보여줄 그림이나 색이 없는 나는 절로 움츠러들어 맨 구석 자리를 찾아간다.
그리고 아무것도 없는 밋밋한 하얀 가슴을 천장을 향해 펴고 어색하게 포즈를 잡곤 했다.

이렇게 많은 퍼즐들이 같이 살면 마치 펜션에 놀러 온 것처럼 늘 왁자지껄하고 재미있어서 심심할 틈도 없을 거라 생각할 것이다.
실제로도 어느 정도는 그렇다.
하지만 단체생활에는 군중 속의 고독이 있게 마련이다.
우리는 같은 목표를 향해가는 동료일 뿐 진짜 가족은 아니기 때문이다.
다행히 나에게는 가족만큼이나 특별한 친구들이 있어 외롭지 않았다.

빨간 퍼즐, 파란 퍼즐, 노란 퍼즐이 그들이다.

흰색 퍼즐인 나를 포함해서 우리 4총사는 항상 뭉쳐 다녔다.

빨간 퍼즐은 붉은 바탕에 흰색 주근깨가 가득하다.

그녀는 정열적이고 발랄하며 자기주장이 분명하다.

그리고 빨리빨리가 그녀의 모토라서 모든 일을 속전속결로 처리해서 시원하다. 하지만 너무 서두르는 통에 간혹 큰 실수를 저지르곤 한다.

파란 퍼즐은 파란색에 물결무늬가 있다.

그는 힘이 무척 세고 용감하여 맏형처럼 든든하다.

평소에는 조용하고 차분한 성격인데, 가끔 아무런 이유 없이 "크하앙~"하고 커다란 괴성을 지르곤 하는 점이 미스터리다.

우리 중 막내인 노란 퍼즐은 노랑에 가느다란 빗금이 있다.

이 아이는 따스함이 넘치는 부드러운 성격으로

누구나 그 아이를 바라보는 것만으로 봄날 오후 2시의 나른한 행복을 느낀다.

하지만 노란 퍼즐은 행동이 심각하게 느리다.

너무 느려서 주변에서 속이 터질 때가 종종 있지만, 막내니까 아직 발육이 덜 되어서 그러거니 한다.

마지막으로 나는 그림 없는 흰색 퍼즐이다.

나는 외모도 성격도 크게 내세울 것이 없다.

그러나 다른 퍼즐들은 나와 어울리기를 좋아한다.

내가 흰색 배경같이 다른 퍼즐들을 돋보이게 하기 때문이다.

성격 또한 조용하고 주장도 그리 강하지 않아서 모두 나를 무던한 성격의 퍼즐이라고 생각한다.

하지만 사실 나는 작은 일에도 상처를 잘 받고,

그걸 마음속 깊이 오래도록 간직하는 소심한 성격의 퍼즐이다.

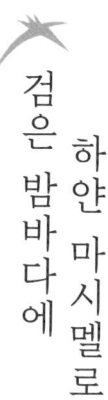

검은 밤바다에 하얀 마시멜로

나에게는 잊어버리고 싶은 흑역사가 있다.

그건 내 이름과 깊은 관련이 있다.

'블랭크 퍼즐'

이게 여기서의 내 이름이다.

투명 집에 처음 왔을 때 나는 내 과거에 대해 기억하는 것이 전혀 없었다.

심지어 나는 내 이름조차 몰랐으므로 퍼즐들은 급한 대로 떠오르는 첫 단어로 나를 불러주었던 것이다.

그렇게 보자면 내 이름은 흰색 퍼즐이어야 한다.

퍼즐들은 통상 그들의 주된 색으로 불리기 때문이다. 빨간 퍼즐, 파란 퍼즐, 노란 퍼즐같이 말이다. 그런데 무슨 이유인지 나는 블랭크 퍼즐로 불리어졌다.

이유가 어찌 되었든 나는 내 이름이 좋았다.
'안녕? 블랭크'라고 다른 퍼즐들이 내 이름을 불러줄 때마다 나는 행복했다.
다른 퍼즐들이 항상 친절한 미소를 지으며 "블랭크~"라고 부르는 걸 보면 분명 좋은 의미일 것이다.
'블랭크'
흔하지 않은 이름이고, 부르기도 쉽고, 발음상 살짝 이국적인 매력도 있었다. 내 이름의 뜻이 궁금했다.
어쩌면 이름에 나에 대한 중요한 단서가 있을지도 모른다고 생각했다.

내가 남들과 다르게 생기고 이름도 특이한 걸 보면 나는 아주 먼 곳에서 왔을 수도 있다. 지구 반대편의 멀고 먼, 모국어조차 잘 알려지지 않은 아주 작고 아름다운 나라, 이를테면 모리셔스 같은 나라말이다.
혹은 지구가 아닌 다른 행성에서 왔을 수도 있다.
그래서 내가 남들과 다르게 생긴 것이다.

학교에 가기 전까지 나는 내 이름에 대한 기대와 설렘이 있었다.

글만 배우면, 내 이름이 어디서 왔는지 찾아낼 수 있을 것 같았다.

그러나 나중에 글을 배우고 뜻을 알게 되었을 때 나는 몹시 실망하게 되었다.

블랭크의 사전적 뜻은 허망하게도 '빈칸, 아무것도 없는'이었다.

이따위도 뜻이라고 할 수 있는 것인가?

더 기분 나쁜 건 다른 퍼즐들이다.

그들은 그동안 나를 '아무것도 없는 퍼즐'이라고 불러왔다.

내가 색깔도 그림도 없는 퍼즐인 것은 인정한다.

하지만 그렇다고 그걸 이름으로 만들어서까지 조롱할 일인가?

배반감과 수치심에 온몸이 쪼그라들며 내가 한없이 작아지는 기분이었다.

그날 나는 밤새 잠을 이루지 못하고 뒤척였다.

그들이 보여주던 미소 띤 얼굴은 가면이었던가?

갑자기 그들과 내가 한 공간에서 같은 공기를 마시고 있다는 사실이 역겹게 느껴졌다.

그들이 내뱉은 공기를 내가 마시고 있다고 생각하자 구토할 것 같았다.

나는 코와 입을 틀어막고 집을 뛰쳐나갔다.

바깥공기가 폐 속으로 들어오자 겨우 구토증이 가라앉았다.

차가운 기운이 폭발할 것 같았던 울분을 조금 식혀 주었다.
'다른 퍼즐들에게 나는 아무 의미 없는 퍼즐이다.
그렇다면 나에게도 그들이 더 이상 의미가 없다.'
나는 가출하기로 결심했다.
돌발적인 결정이라 나는 어디로 가야 할지 알 수 없었다.
새벽이긴 했지만, 아직 어두워서 두렵고 막막했지만
그들의 비열한 가면을 떠올리며 이를 악물었다.
증오는 두려움을 이기게 해주었다.

가출은 생각보다 순조로웠다.
걷다 보니 새벽 해가 떠올랐다.
햇님은 나의 용기 있는 행보를 지지해 주는 듯 어두운 길을 훤히 밝혀주었다.
아무것도 먹지 못했지만, 속이 비어 그런지 정신은 오히려 맑아졌다.

정오가 되자 햇님은 정수리 위에서 따뜻한 햇볕으로 온몸을 감싸주었다.
그러나 늦은 오후로 접어들자 조금씩 상황이 달라졌다.
그림자는 길어지고 발걸음이 무거워졌다.
나는 점점 늘어나는 그림자를 질질 끌며 걸어갔다.
햇님도 지치는지 등 뒤로 조금씩 처지더니 급기야 걸음을 멈추고 수평선에 턱 하니 걸터앉았다.
그리고 꼼짝 않고 나를 지긋이 바라보았다.
'나는 여기까지야. 이제부터는 너 혼자일 거야. 용기를 내'라고 말하는 것 같았다.
햇님이 그렇게 크고 선명하게 보이기는 처음이었다.
나는 그를 향해 잘 가라고 손을 흔들어 주었다.
햇님은 계란 노른자 같은 가장자리가 흐물거리더니
톡하고 터지며 하늘을 온통 주황빛으로 물들였다.
노을로 내게 작별 인사를 하는 것이다.
나는 주황빛이 완전히 사라질 때까지 넋을 놓고 바라보았다.

햇님이 돌아가자 온 세상에 검은 장막이 쳐진 듯 갑자기 어두워졌다.
사지는 냉기로 바들바들 떨렸고, 뱃속은 쓰려왔다.
'나는 영혼이 있는 퍼즐이다. 육체적 어려움 따위는 정신력으로 충분히 버틸 수 있다.'라고 마음을 다잡았다.
그러나 의지와는 상관없이 내 두 다리는 꿈적도 하지 않았다.
하는 수 없이 길가에 잠시 앉았다.
극도의 피로감이 몰려와 나는 앉은 채로 깜박 졸았다.
얼마나 지났을까?
갑자기 가을바람이 차가운 손톱으로 나의 뺨을 할퀴는 통에 깨어났다.

일어서려 했지만, 바닥이 일렁거리는 것처럼 어지러웠다.
아마도 온종일 굶은 탓이다.

무엇보다도 나는 꼭 해야 할 일이 남아있다.
아무것도 없다고 나를 블랭크라고 조롱했던 다른 퍼즐들에게 언젠가 큰 그림이 된 나를 꼭 보여주어야 한다.
그러기 전에는 죽을 수도 없다.
그때가 올 때까지 나는 전진 할 것이다.
그러나 예상치 못한 변수가 발생했다.
잠깐 졸은 사이에 밤이 너무 깊어진 것이다.
이러다가는 그대로 쓰러져 객사할 것 같았다. 이렇게 생을 끝내기는 싫다.
'일단 돌아가자'
큰 전진을 위해서는 한발 후퇴를 해야 할 때도 있는 법이다.
그런데 또 다른 문제가 생겼다.
너무 어두워져 집으로 돌아가는 길이 아예 보이지 않았다. 덜컥 겁이 났다.
그런데 다행스럽게도 짙은 어둠 속에서 멀리 작은 불빛이 보였다.
나는 희미한 그 빛을 등대 삼아 한발 한발 걸어갔다.
집으로 돌아가는 길은 멀고도 멀었다.

자정이 훨씬 넘어서야 나는 누추할 몰골로 기진맥진해서 투명집 가까이에 도착했다.

하지만 나는 선뜻 안으로 들어서지 못하고 기다렸다.

다른 퍼즐들이 잠들면 아무도 몰래 살짝 들어가려는 계획이다.

기껏 가출해서는 하루도 못 채우고 집으로 기어들어 가는 구차스러운 꼴을 들키고 싶지 않다.

그런데 다들 잠잘 시간에 무슨 일로 이리도 사방 훤하게 불을 밝혀 놓은 것일까?

집안에 켤 수 있는 불이란 불은 다 밝혀 놓은 것 같다.

게다가 아무리 기다려도 퍼즐들은 잠자리에 들지 않고 어수선하게 서성이고 있었다.

나는 기다리다 너무 지쳐서 당장이라도 쓰러질 지경이었다.

자존심이고 뭐고 더 이상 기다릴 수가 없어졌다.

나는 고개를 푹 떨어뜨리고 무거운 다리를 들어 가까스로 현관 안으로 들어갔다. 내가 집안으로 들어서자 퍼즐들은 크게 안도의 한숨을 쉬며 미소로 나를 반겨주었다. 그들은 모두 잠도 안 자고 노심초사 나를 기다리고 있었던 것이다. 내가 멀리서도 찾아올 수 있게 온 집안에 불을 훤하게 밝혀 놓고 말이다. 나는 그간의 서러움이 한순간 사라지며, 두 다리의 힘이 풀려 그들 품에 쓰러지듯 안기며 울음을 터뜨렸다.

갑작스러운 내 눈물에 다들 놀라며 당황했지만, 그들은 나에게 아무것도 묻지 않았다. 대신 나를 소파에 앉히고 무릎에 모포를 덮어주었다.

그리고 따끈한 코코아에 달콤한 마시멜로를 동동 띄워 내 왔다.

그들은 내가 홀짝이며 코코아를 마시는 내내 가만히 옆에 있어 주었다.

살다 보면 세상에 온전히 혼자라고 느껴지고, 모든 것이 무의미하게 생각될 때가 있게 마련이다.

그럴 때마다 나는 커다란 코코아 잔에 하얀 마시멜로를 띄운다.

컵의 따끈한 온기가 내 손을 덥히고 코코아의 달콤함이 내 혀를 감싸 안으면 나는 스르르 눈을 감고 깊이 숨을 들이마신다.

마시멜로가 검은 밤바다에 떠 있는 작은 빙산 조각처럼 서서히 작아지면

달콤한 작은 평온이 목을 타고 가슴으로 들어온다.

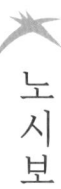

노시보

요란 벅적했던 가출은 퍼즐들에 대한 오해를 풀며 하루 만에 그렇게 끝이 났다.
하지만 나 자신에 대한 의문은 끝이 나지 않았다.
'나같이 아무것도 없는 퍼즐을 과연 퍼즐이라고 할 수 있는가?'
'퍼즐이 아니라면 난 무엇인가?'
한번 의문이 들기 시작하면 나는 꼬리에 꼬리를 무는 질문을 멈추지 못했다.
나는 점차로 말수가 적어지고 생각 깊은 퍼즐이 되어갔다.

나는 고민 끝에 퍼즐 전문가를 찾아갔다.
전문가의 사무실 벽에는 그림이 완성된 퍼즐들이 근사한 액자에 넣어져 좌르르 진열돼 있었다. 그리고 책상 위에는 맞추어야 하는 새 퍼즐들이 상자째로 천장에 닿을 듯이 높이 쌓여 있었다.

문을 열고 들어가자 오랜만에 보는 손님이 몹시 반가운 듯 나를 맞이하는 전문가의 눈빛이 들떠 보였다.

퍼즐 전문가는 키가 크고 마른 체격에 날카로운 눈빛의 중년 남성이었다.

짙은 곤색 유니폼을 입고 목에는 루페라는 확대기를 걸고 있었다.

그의 외모와 복장이 전문가다워서 안심되었다.

"제가 무슨 퍼즐인지 알 수 있을까요?"

"당연하지. 그게 바로 내 전문 분야거든. 재질과 인쇄 등 몇 가지를 분석해 보면 자네가 어떤 퍼즐인지 금방 알 수 있지."

전문가는 사무실이 쩌렁쩌렁 울릴 정도로 큰 목소리로 답했다.

"우선 이곳에 똑바로 누워보게나"

나를 보는 전문가의 눈빛이 의욕으로 반짝였다.

퍼즐 전문가는 나를 길고 커다란 테이블 위에 눕히더니 목에 걸고 있던 루페를 내 가슴팍에 올려놓고 꼼꼼히 살폈다.

자신감으로 충만하던 퍼즐 전문가의 눈동자가 당황스럽게 흔들렸다.

"이상하네? 어떻게 아무 그림도 없지?"

"재질도 일반적인 종이가 아니고 단단한 자작나무로 되어있는 목재 퍼즐이군"
"흠~, 게다가 옆구리 부분은 왜 이렇게 생겼지?"
전문가는 계속 혼잣말을 중얼거리며 인쇄, 재질, 형태 등 여러 가지 검사를 마쳤다.
결과가 마음에 들지 않는지 전문가의 얼굴빛이 어두워졌다.
그는 입을 일자로 다물고 미간을 찌푸린 채 턱을 한껏 치켜들었다.
전문가로서의 권위적인 태도와 표정을 취하는 것이다.

그는 잠시 숨을 고르더니 중대한 성명을 발표하듯이 또박또박 느리게 검사 결과를 말해주었다.
"내 평생 자네 같은 퍼즐은 처음 보네. 자네는 특이하게도 나무 퍼즐인 데다가 그림도 색도 없고 게다가 옆구리 쪽이 파손되었네. 총체적으로 자네는 비정상적인 퍼즐이네"

내가 평범한 퍼즐이 아니라는 것은 전문가가 아니어도 누구나 한눈에 알 수 있다. 퍼즐 전문가는 그 사실을 가장 듣기 거북한 방법으로 다시 한번 확인시켜주었다.
전문가는 내 왼쪽 허리의 작은 오목 지점을 꾹 눌러 보이며 무슨 큰 비밀이라도 말하는 듯 속삭이며 말했다.
"이곳은 퍼즐의 일부가 찢어져 나간 흉터이네. 잘려 나간 부분에는 분명 그림이 있었을 것이네. 그 부분을 찾는다면 자네가 어떤 퍼즐인지도 알 수 있겠지."

전문가의 판정을 들은 후 나는 몹시 위축되었다.

나는 모자란 점은 있지만, 그래도 신체만은 건강한 온전한 퍼즐이라고 자부했었다. 그런데 퍼즐 전문가가 보기에 나는 그림 없는 퍼즐일 뿐 아니라 몸의 일부가 파손된 '온전치 못한 퍼즐'이었다.

나는 왼쪽 허리에 깊이 파인 형태는 퍼즐에게 흔히 있는 오목 부분이라 생각했었다. 그러나 퍼즐 전문가가 그것이 흉터라고 말한 이후로는 왠지 그 부분을 살짝만 건드려도 날카로운 칼로 저미듯 아팠다.

'이건 진짜 아픈 것이 아닌 노시보 효과*일 뿐이다.'

'퍼즐 전문가가 그곳이 상처라고 말했기 때문에 아프다고 상상하는 것이다.'

나는 고통을 무시하려 했다.

그런데 상상으로 만들어 낸 고통으로 치부하기에는 고통이 너무 컸다.

---

* 노시보 효과 : 플라시보 효과와 정반대되는 개념으로 의사의 부정적인 말이 환자에게 부정적인 감정이나 기대를 하게 하여 아무런 의학적인 이유 없이 환자에게 부정적인 영향이나 해를 끼치는 효과

자세히 보면 약간 붉어 보이거나 심지어 부풀어 오른 것처럼 보이기도 한다. 게다가 날씨가 추운 날에는 그곳이 시큰시큰 시린 것도 같았다.

나는 차라리 상처에 대해 긍정적으로 생각해 보기로 했다.
전문가 말이 사실이면 이곳에서 찢겨 나간 조각에는 아마도 그림이 있을 것이다. 그건 나에 대한 정보를 간직한 블랙박스나 다름없다.
하지만 조각은 어디서도 찾을 수 없었다.

그 후로 나는 새로운 습관이 생겼다.
항시 왼손을 허리 오목 지점에 올리고 있는 것이다.
그렇게 하면 자연스럽게 내 상처가 가려진다.
상처가 보이지 않으면 아프지 않았다.

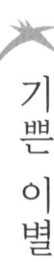
기쁜 이별

드디어 우리 네 명 중 첫 번째로 노란 퍼즐이 자신의 큰 그림을 찾았다.
노란 퍼즐이 어떤 그림이 되길 원했는지를 나는 잘 알고 있다.
그는 시간이 날 때마다 시내의 퍼즐 가게에 놀러 가곤 했다.
해바라기 퍼즐 액자를 구경하러 가는 것이다.
노란 퍼즐은 그 액자를 넋을 놓고 바라보며 "나는 분명 해바라기 퍼즐일 거야."라고 말하곤 했다.
그러나 노란 퍼즐은 애벌레로 밝혀졌다.
노란 퍼즐의 몸에 있던 가느다란 빗금은 애벌레의 주름이었다.
그리고 보니 평소에 그의 행동이 꾸무럭거리고 느린 것은 당연하였다.

노란 퍼즐의 작별 인사는 너무너무 느렸다.

어찌나 느린지 아침 식사에 시작한 인사가 저녁 식사와 함께 끝이 났다.

노란 퍼즐이 큰 그림을 찾은 건 기뻤지만 이제는 그를 떠나보내야만 한다.

우리 넷은 부둥켜안고 같이 울었다.

눈물이 너무 많이 흘러서 입으로 들어갔다.

눈물이 달고도 짰다.

그렇게 우리는 슬프고도 기쁜 이별을 했다.

우리가 4총사였을 때는 게임을 할 때마다 두 명씩 팀을 갈라 놀았었는데 그때마다 서로 노란 퍼즐과 같은 팀이 되지 않으려고 안간힘을 썼다. 그가 너무 느려서 무슨 게임을 하던지 노란 퍼즐 팀이 무조건 지기 때문이다. 그러니까 우리는 사실상 팀을 가르는 순간 이미 승패가 결정되는 뻔한 게임을 해온 것이다. 그러나 이제는 그런 뻔한 게임조차 할 수 없다. 세 명으로는 편을 가를 수 없기 때문이다.

노란 퍼즐이 있다면 얼마나 좋을까?

내가 매번 노란 퍼즐 팀이 된다 해도 나는 기쁠 것이다.

노란 퍼즐이 몹시 그리워지던 어느 날, 그가 즐겨 보러 가던 해바라기 퍼즐을 보러 갔다. 그건 고흐라는 화가의 그림을 인쇄

한 5천 조각의 퍼즐이었다. 이 초대형 해바라기 퍼즐 그림은 정해진 자리에 정확하게 맞추어졌다. 그리고 금빛 테가 둘러진 으리으리한 유리 액자에 넣어져 큰 벽에 높게 걸려 있었다.
"너희들은 진짜 멋지구나. 정말 완벽해!"
나는 그들을 올려다보며 큰소리로 칭찬해 주었다. 5천 조각의 퍼즐들은 내 칭찬을 못 들은 것인지 아무도 대답하지 않았다. 심지어 그들은 나를 내려다보지도 않았고 하나같이 무표정으로 더 높은 곳을 멍하니 바라보고 있었다.
그들은 무엇을 바라보는 것일까?
나를 무시하는 것 같은 그들의 태도에 나는 살짝 기분이 상했다.
액자 퍼즐은 근사해 보이긴 했지만, 그들이 정말로 부러운 것은 아니다.
솔직히 말하자면, 그 그림은 명화를 인쇄한 복제품에 불과하다. 그들은 상자에서 나오자마자 정교하게 맞춰진 후 풀로 고정되어 유리 액자 안에 모셔졌다. 1센티의 틈도 없이 완벽하게 맞춰진 그들은 평생 액자 밖으로 한 발짝도 나올 수 없다.

"찾았어, 드디어 찾았다고"
아침 일찍부터 빨간 퍼즐이 소리를 지르며 사방을 통통 뛰어다니는 바람에 우리는 모두 넋이 나갈 지경이었다. 이번에는 빨간 퍼즐이 큰 그림을 찾은 것이다.

빨간 퍼즐은 급하게 기쁜 소식을 전하며, 그녀답게 속전속결로 떠날 짐을 쌌다. 작별 인사도 어찌나 빠르게 하는지 아침 식사 시간이 오기도 전에 그녀는 이미 떠나가고 없었다.

그녀가 가고 나자 무척 허전했다.
이별의 아쉬움이 아닌 무엇인가가 빠진 것 같은 기분이었다.
대체 무엇이지?
그렇다.
빨간 퍼즐이 너무 서둘러 가느라 우리에게 자신이 어떤 그림이었는지 말해주는 것을 잊은 것이다.
그녀가 제대로 맞는 그림을 찾은 것인지 걱정이 되었다.
만일 틀린 그림이었다면 그녀는 이곳으로 다시 돌아오게 된다.
나는 그녀가 보고 싶지만 돌아오지 않게 되기를 기도했다.
다행히 며칠이 지나도 그녀에게서 아무 소식이 없었다.

그런데 빨간 퍼즐이 떠난 뒤 내게 이상한 증상이 생겼다.
처음에는 체한 것처럼 답답하던 것이 차츰 가슴 전체가 뻐근해졌다.
그녀를 생각할 때마다 가슴 한복판이 꽉 막힌 것 같이 답답하다.
그런데 가만히 생각해 보면 이 비슷한 증상은 그녀가 떠나기 전에도 느낀 적이 있었다.

빨간 퍼즐은 수려하고 아름다운 곡선을 가진 퍼즐이었다.
그녀의 반들거리는 붉은 피부는 주변을 화사하게 밝혔다.
그녀는 매사에 자신만만했고, 분명하게 자기 생각을 표현했다.
남을 배려하느라, 내 생각을 표현하는 것에는 소심했던 나는 그런 그녀가 멋져 보였다.
그녀는 특히 나의 말에 언제나 귀 기울여 주었는데, 남들은 별로 반응하지 않는 시시한 농담에도 그녀만은 언제나 손뼉을 쳐가며 까르르 웃어주었다.
아~ 그녀의 웃음소리는 얼마나 나를 행복하게 했던가!
그녀가 웃으면 8월에도 크리스마스처럼 기쁜 캐럴이 울리는 것 같았다.
아마도 나는 그녀가 몹시 보고 싶은 것이다.
그래서 그녀를 생각할 때마다 가슴이 아픈 것이다.
그녀의 반짝이는 웃음소리를 더 이상 들을 수 없으니 말이다.
그렇지만 시간이 지나면서 통증은 서서히 무디어져 갔다.
확실히 시간은 거의 모든 통증에 효력이 있다.
하지만 나는 여전히 궁금하다.
'빨간 퍼즐은 무슨 퍼즐이었을까?'

노란 퍼즐과 빨간 퍼즐이 떠나간 후에 다른 퍼즐들도 모두 큰 그림을 찾아가고 결국 이곳에는 파란 퍼즐과 나만 남게 되었다.
늘 쾌활한 퍼즐들로 왁자하던 곳에 둘만 남게 되니 몹시 적

적해졌다.

외로움보다 힘든 건 두려움이다.

마지막에 혼자 이곳에 남게 될 것 같은 두려움 말이다.

그런 마음을 들키지 않으려는 듯 파란 퍼즐은 평소보다 더 씩씩하게 굴었다. 그의 과한 오버 액션이 더 짠하게 느껴졌다.

우리 둘은 투명 집 바닥에 나란히 누워 네모난 하늘을 보며 한가로이 소일하는 시간이 많아졌다. 파란 퍼즐이 눈을 감고 꿈을 꾸듯 말했다.

"나는 말이야, 파도이고 싶어. 깊고 푸른 바다의 일렁이는 파도 말이야."

파란 퍼즐이 그렇게 생각하는 이유는 몸 전체에 그려진 반달 모양의 물결무늬 때문이었다. 나는 그의 오랜 꿈을 진즉부터 잘 알고 있었다. 그렇지만 그가 파도일 가능성은 별로 없어 보였다. 내가 보기엔 파란 퍼즐의 반달무늬는 비늘 같아 보였다. 하지만 나는 그런 말을 차마 할 수가 없었다.

그냥 그의 말이 맞을 거라고 고개를 끄덕여 주었다.

파란 퍼즐에게도 드디어 기회가 왔다.

바다 그림을 만나보러 가게 된 것이다.

외출을 준비하며 거울 앞에 선 파란 퍼즐은 너무 긴장되는지 얼굴이 그만 보라색으로 질려 버렸다. 그는 덜덜 떨면서 나에게 함께 가주기를 간청했다.
나는 기꺼이 그와 동행해 주었다.
걸어가는 내내 그의 발밑으로 물이 뚝뚝 떨어졌다.
맑은 물이었다.
파란 퍼즐이 너무나 긴장해서 식은땀을 흘리는 것이었다.
나는 손수건으로 그의 땀을 닦아 주며 나란히 걸어가 주었다.
이렇게 둘이서 이 길을 나란히 걷는 것도 마지막이 되겠지?

결론적으로 파란 퍼즐의 무늬는 파도가 아니었다.
파란 퍼즐은 너무 실망해서 단 한마디도 하지 않았다.
돌아오는 길에 파란 퍼즐의 발밑으로 또다시 물이 뚝뚝 떨어졌다.
이번에는 파란색 잉크병을 깨뜨린 것처럼 짙은 파란색 물이었다.
그가 너무 슬퍼서 파란 눈물을 흘리는 것이다.
파란 퍼즐이 실망할 것이라는 걸 예상은 했지만 이토록 슬퍼할 줄은 몰랐다.
너무 미안했다.
나는 어쩌면 그가 파도가 아니기를 속으로 은근히 바랐는지 모른다.
하지만 진심으로 그가 파도가 아니기를 바란 건 아니었다.
혼자 남는 것이 두려웠을 뿐이다.

그래도 미안한 마음은 줄어들지 않았다.

플
라
시
보

투명 집에 다시 겨울이 왔다.
이번 겨울은 유난히도 추워서 파란 퍼즐과 나는 나가 놀지 않고 마당에 널어놓은 빨래처럼 햇볕만 쬤다.
사방이 투명한 이곳은 일광욕하기에는 제격이다.
구릿빛으로 피부를 그을린 내 몸을 상상해 보았다. 멋진 갈색 퍼즐이 된 나를 말이다.
그런데 공들여 종일 햇볕을 쬐면, 벌겋게 된 피부는 밤새 따갑기만 할 뿐 아침이면 다시 하얗게 돌아온다.
내게는 아예 멜라닌 색소가 없는 모양이다.
내가 혹시 알비노 증후군으로 인하여 흰색 퍼즐인 것은 아닐까?
알비노 증후군은 선천적으로 멜라닌 색소가 결핍되어 온몸이 하얀 희귀증상이다.
그렇다면 일광욕을 아무리 해도 갈색으로 변하지는 않을 것이다. 또한 멜라닌 색소가 없어서 햇빛에 매우 약하므로 심지어 피부암에 걸릴 확률도 높아진다. 나는 한 가지 의심에 빠지면 그것을 해결할 때까지 다른 생각을 할 수가 없다.

나는 곧바로 피부과 의사를 찾아갔다.
작고 통통한 체구에 분홍색 스웨터를 입은 아줌마 의사가 나를 맞이했다.
나는 걱정스러운 얼굴로 물었다.
"선생님, 저는 피부가 온통 하얘요. 제가 혹시 알비노 퍼즐일까요?"
아줌마 의사는 내 질문에 깜짝 놀란 듯 동그란 눈을 하고 나를 빤히 보았다.
"피부가 정말 하얗구나. 하지만 특별히 이상한 건 없어 보이는데 어디 한 번 자세히 볼까?"
그녀는 체온, 몸무게, 키 등의 검사를 했다. 이어서 눈동자를 자세히 들여다보고 귀에 빛을 쏘여보고 차가운 금속 막대로 내 혀를 꾹 눌러서 목젖도 들여다보았다.
검사를 마친 후 그녀는 미소를 지으며 내게 말했다.
"너는 알비노가 아니란다."
"그래요? 다행이네요. 그런데 왜 온몸이 하얀 걸까요?"

"글쎄다. 미안하지만 그건 나도 잘 모르겠구나. 그렇지만 내가 아는 한 너는 아주 건강한 퍼즐이란다."
나는 고개를 끄덕이긴 했지만, 완전히 안심되지는 않았다.
"그런데 요즘 뭔가 걱정되고 불안해요. 혹시 그럴 때 먹을 약을 처방해 주실 수 있을까요?"
"블랭크. 걱정하지 마라. 넌 정말 괜찮단다."
"제발요~."
나는 아줌마 의사에게 응석 부리듯 부탁했다.
그녀는 잠시 머뭇거리더니 서랍에서 무언가를 꺼냈다.
"걱정되고 불안할 때 혀 위에 이걸 하나 올려놓고 기다려봐. 도움이 될 거다." 의사 아줌마는 의사로서는 뭔가 허술하게 느껴졌지만, 엄마같이 푸근했다.
나는 그녀가 건네준 하얀 알약들이 나란히 들어 있는 막대를 받아들고 집으로 돌아왔다.

나는 다시 일광욕을 시작했다. 햇볕이 따뜻한데도 마음은 불안하게 흔들렸다. 문득 아줌마 의사가 준 하얀 알약이 생각나 꺼내 보았다.
아스피린같이 희고 납작한데 특이하게도 가운데 구멍이 뻥 뚫린 약이었다. 혀 위에 하나를 올려놓고 조심스레 입을 다물었다. 눈을 살짝 감자 달콤하면서도 화한 민트 향이 입안에 퍼졌다. 약이 입안에서 천천히 녹으면서 점점 얇아졌다. 내 마음의 불안도 녹는 듯 조금씩 사라졌다.

이건 플라시보 효과*이다.
아줌마 의사가 나에게 약 대신 약 모양의 사탕을 준 것이다. 그녀가 나를 어린아이 취급을 한 것 같은 기분이 들었지만, 기분은 나쁘지 않았다. 눈을 감고 코로 공기를 양껏 들이마셨다.
'블랭크, 넌 정말 괜찮단다.'라고 그녀의 목소리가 들리는 듯했다.
불안감은 어느새 사라지고 편안해졌다.
'내가 필요했던 것은 어쩌면 치료가 아닌 위로였는지 모른다.'

춥고도 길었던 겨울의 끝에 파란 퍼즐도 드디어 자신의 그림을 찾았다.
파란 퍼즐은 몹시 쑥스러워하며 말했다.
"나는 몬스터였어."
그가 물결무늬라고 생각했던 것은 알고 보니 몬스터의 비늘이었다.
파란 퍼즐은 자신이 그토록 바라던 파도가 아닌 것이 몹시 실망스러운 듯했다. 파란 퍼즐은 땅이 흔들릴 정도로 어마어마한 포효를 지르며 씩씩하게 작별 인사를 했다.

---

* 플라시보 효과 : 의사가 환자에게 가짜 약을 투여하면서 진짜 약이라고 하면 환자의 좋아질 것이라고 생각하는 믿음 때문에 병이 낫는 현상

"잘 있어 블랭크. 크하앙~"

그가 나를 혼자 두고 떠나는 것이 슬퍼서 소리를 지르는 것 같기도 하고,
자기가 파도가 아닌 것이 못내 아쉬워 그러는 것 같기도 했다.
난 그를 이해한다.
평생을 간절히 꿈꾸던 것이 아닌 엉뚱한 그림이 된다면 실망스러울 수도 있을 것이다.
그래도 나는 파란 퍼즐이 부럽다.
나도 그처럼 큰 그림을 찾았으면 좋겠다.
어떤 그림이 되어도 좋다.
그게 무엇이든 아무것도 아닌 것보다는 나을 것이다.

두려워하던 대로 나는 여기에 남겨진 마지막 퍼즐이 되었다.
혼자라는 것은 모든 것을 달라지게 한다.
이제 투명 집은 혼자서 쓰기에는 부담스러울 정도로 넓다.
거실은 텅 비어, 내 발자국 소리가 공명 되어 귀에 윙윙 울린다.
밝아서 좋았던 창가는 너무 눈이 부시고, 아늑하던 공기는 썰렁하게 식었다.
제일 많이 달라진 건 시간이다.
매일 눈코 뜰 새 없이 바쁘게 돌아가던 시간은, 마치 렉이라도 걸린 것처럼 멍하니 한자리에 멈추어 서 있곤 했다.

매일 꿀 잠자던 잠자리도 뭔지 모르게 불편하다.

밤에는 너무 고요해서 내 숨소리와 심장의 고동까지 느껴진다.

나는 도통 잠을 이루지 못해 엎드렸다 바로 누웠다가를 반복했다.

납작한 퍼즐의 몸으로는 그렇게 앞뒤로 뒤척이는 것이 좋지 않다.

몸을 뒤집을 때마다 턱 하는 소리를 내며 바닥을 치는 충격으로 후딱 잠이 깨어 버리기 때문이다.

어찌어찌 간신히 잠이 들었는데 으스스한 한기에 저절로 눈이 떠졌다.

문을 열고 잠이 들었던 것인가 보다. 문단속을 하려고 일어섰다.

그런데 문이 없다. 벽도 천장도 사라졌다.

누군가 나의 투명 집을 치워버린 것이다.

다른 퍼즐들이 모두 큰 그림을 찾았으니, 더 이상 투명 집은 필요 없어진 것이다.

당장이라도 눈물이 터질 것 같았지만, 울음을 안으로 삼키며 침착해지려고 노력했다.

유리처럼 투명하고, 무쇠처럼 단단하던 나의 투명 집.

투명 집은 허름하고 낡은 플라스틱 건물이었지만 쾌적하고 안전한 곳이었다.

몇 년 전 지진이 났을 때도 커다란 구조물이 우리 집을 덮쳤지만, 투명 집은 스크래치만 조금 났을 뿐 건재했다. 또한 장마 때 폭우로 주변 마을이 침수되었을 때도 우리는 물로부터 안전했고 심지어 뽀송뽀송했다.

나를 찾으러 온 우주선 'UFO'

맨바닥에 주저앉아 멍하니 투명 집에서의 행복했던 추억을 곱씹고 있는데 어디선가 '부이잉~' 하는 엔진 소리가 들려왔다. 그리고 주변에 이상한 공기 흐름이 느껴졌다. 소리가 나는 곳을 보니 은색의 둥글납작한 물체가 제자리에서 빙빙 돌고 있었다.

불시착한 UFO 같았다.

그것은 내게 모스 신호라도 보내는 듯 연두색 불빛을 연신 깜박였다.

내게 무엇인가를 말하려는 것 같다.

나는 홀린 듯 꼼짝 않고 그것을 바라보았다.

멀리 내 고향에서 나를 찾으러 온 우주인일까?

나는 한때 내가 우주인일지 모른다고 생각한 적도 있다. 내가 우주 밖에서 온 퍼즐이라서 지구의 퍼즐과는 사뭇 다르게 생겼던 것이라고 말이다.

둥근 비행체는 왈츠를 추듯 빙글빙글 돌며 경쾌하고도 우아하게 내게로 다가왔다. 그것이 가까이 다가오자 마술 같은 일이 일어났다. 마치 중력 없는 우주 공간에서처럼 내 발이 바닥에서 떨어지더니 내가 그 물체 속으로 끌려 들어가는 것이다. 그 비행체는 블랙홀처럼 나뿐 아니라 주변의 흙과 먼지까지도 자기 안으로 빨아들였다.

뿌옇게 흐려지는 밀도 높은 먼지에 숨이 막혀 콜록거리는 사이에 나는 이미 비행체의 내부에 들어와 있었다.

주변이 칠흑같이 어두워 아무것도 보이지 않았지만, 온몸을 포근히 감싸고 있는 부드러운 촉감이 나를 안심시켰다. 푹신한 오리털 이불 속같이 따뜻한 곳에 둘러싸여 있는 것이다. 나는 떠돌이로 온 세상을 방랑하다가 고향에 돌아온 탕아 같은 기분이 들었다.

극도의 피로감과 안락함이 동시에 밀려들어 절로 눈이 스르르 감기며 나는 깊은 잠으로 빠져들었다. 그리고 오랜만에 달콤하고도 깊은 잠을 잤다.

온몸의 피곤이 싹 가셨고 몸은 날아갈 듯 가뿐하다.
새로운 보금자리가 너무나 기대되고 궁금했다.
그런데 이상하다.
'왜 날이 밝지 않는 것이지?'
내가 아직 잠을 자고 있는 것인가 싶어 눈을 세게 깜빡거려 보았다.
분명히 깨어 있다. 그러나 여전히 아무것도 보이지 않았다.
눈이 어두움에 익숙해질 때까지 기다렸다.

한참을 기다리자 주변 사물들의 실루엣이 어렴풋이 드러났다.
그리고 나는 손으로 더듬거려 사물들의 정체를 알 수 있었다.
'맙소사!'
푹신한 오리털 이불이라고 생각했던 것은 역겨운 먼짓덩어리였다. 이곳에는 머리카락, 벌레의 사체들로 가득했고 그 외에도 알 수 없는 이물질들이 뒤죽박죽 섞여 있었다.
UFO 같던 비행체는 다름 아닌 로봇청소기였다.
너무 놀라고 끔찍해서 울음이 터졌다.
눈물을 흘리자 주변의 먼지가 눈물에 비벼져 껌처럼 온몸에 들러붙었다.
울음을 그치려고 애썼지만 내 눈물샘은 망가진 수도꼭지처럼 완전히 조절 불가였다. 끊임없이 흐르는 눈물에 보슬거리는 작고 더러운 이물질들이 계속 덕지덕지 붙으며 나는 커져갔다.

나는 순식간에 형태를 알 수 없는 덩어리로 변신했다.

며칠 동안 밤낮으로 잠만 잤다.
잘 보이지도 않고 움직이기조차 힘드니 무기력해져서 끝없이 잠을 자게 된다. 가끔 귀가 먹먹해지는 소리가 나면서 청소기가 돌아갔다.
'얼마나 시간이 지난 것일까?'
어두컴컴한 이곳에서는 시간이 어떻게 흐르는지 감이 잘 오지 않는다.
아마도 하루에 한 번 청소기가 돌아가는 것 같다.
그렇다면 벌써 일주일쯤 된 것 같다.
매일 점점 더 많은 먼지가 들어와 숨통을 조여 왔다.
머리가 가려워져서 긁으려 해보았지만 팔조차 제대로 움직이기 힘들었다.
그리고 계속 회색 먼지가 들러붙어 나는 거대한 송충이 같은 모양이 되었다.

문득 카프카의 소설 '변신'이 떠올랐다.
주인공 그레고르는 어느 날 갑자기 끈적끈적한 진액으로 뒤덮인 징그러운 벌레로 변신한다.

그는 가족의 생계를 책임지던 든든한 아들이었지만, 하루아침에 가족에게 부담스러운 존재가 되어버렸다.

그레고르는 꿈틀거리며 괴로워하다가 자기 방에서 혼자 쓸쓸히 죽는다.

그의 죽음 후에 가족들은 아무 일 없었다는 듯 다시 일상과 평화를 찾는다.

나는 영문도 모른 채 한순간에 로봇청소기 안으로 끌려 들어와 거대한 먼짓덩어리가 되었고 옴짝 못하고 갇혀 있다.

나 역시 '변신'의 주인공 그레고르처럼 여기서 혼자 생을 마감할 것이고

내가 없어도 잔인한 세상은 잘만 돌아갈 것이다.

이제는 남은 공간이 거의 없어져 숨을 쉬는 것조차 쉬운 일이 아니다.

죽음이 면전에 있다고 생각하니 마음이 오히려 비워지며 홀가분해졌다.

고군분투하던 지난날들이 주마등처럼 스쳐 지나갔다.

돌이켜보면 나는 정말 주제도 모르고 까불던 퍼즐이었다.

그림조차 없는 주제에 온전한 퍼즐들처럼 큰 그림을 찾을 것이라 설쳐대다니, 지나간 모든 날이 가당치 않고 부질없게 느

껴졌다.

이 와중에도 귀가 먹먹해지도록 로봇청소기가 돌며 계속 뻑뻑한 먼지가 들어왔다.
숨을 쉴 수가 없다.
더는 못 버틸 것 같다.
어쩔 수 없다고 포기하며 두 눈을 꼭 감은 순간, 버벅거리는 소리가 나며 돌연 청소기가 멈추었다.

갑자기 눈이 멀어 버릴 듯한 밝은 빛이 쏟아져 들어 왔다.
"청소기가 꽉 찼군."
혼잣말하듯 웅얼거리는 사람의 목소리가 들렸다.
아마도 청소기를 비우려는 것이다.
나는 정신이 번쩍 들었다.
본능적으로 지금이 여기를 탈출할 유일한 기회라는 걸 감지했다.
쓰레기통 안으로 빨려 들어가면 끝장이다.
쓰레기 소각장에서 한 줌의 재가 되는 결말을 맞이하기는 싫다.
게다가 난 뜨거운 건 질색이다.
어떻게든 그렇게 되는 일만큼은 피해야 한다.
청소기가 쓰레기통에 털릴 때 나는 온 힘을 다해 개구리처럼 점프했다.

나는 간신히 쓰레기통을 피해 바닥으로 떨어졌다.
'성공이다'

청소복을 입은 백인 할머니가 나를 주워 올렸다.
"이게 뭐지?"
그녀는 목장갑을 낀 손으로 내 몸에 더께 붙은 먼지를 벅벅 문질러 닦아 냈다.
"오~퍼즐이구나? 키이스가 좋아하겠네."
그녀는 나를 조심스럽게 그녀의 주머니에 넣었다.
할머니의 주머니 속은 깨끗하고 향기로웠다.
오랜만에 만나는 신선한 산소를 한껏 들이마셨다.
맑은 공기를 마시는 것만으로도 나는 행복해졌다.
단지 편히 숨 쉴 수 있다는 것이 이토록 행복한 일인지 몰랐었다.
'왜 모든 것은 그것이 다 사라져봐야 비로소 소중함을 알게 되는 것일까?'

나는 언제 삶을 포기했던 먼짓덩어리였냐는 듯 새로운 세상에 대한 호기심과 기대감에 한껏 부풀어 올랐다.
어디로 가게 되는 거지?
키이스가 누구지?
그가 날 진짜 좋아해 줄까?

할머니가 손자 키이스에게 나를 건네주자 그는 놀란 듯 소리쳤다.
"흰색 퍼즐이네? 와~ 신기하다."
초면에 상대에게 신기하다고 하다니 그는 정말 예의가 없지 않은가?
키이스의 말 한마디에 한껏 부풀었던 내 기분이 완전히 잡쳤다.
그 말은 내가 제일 싫어하는 말이다.
나는 언제나 신기할 정도로 남들과 달랐고, 그건 나를 불편하게 만들었다.
그렇기에 누가 나더러 신기하다고 하면 놀리는 말처럼 들린다.

하지만 정작 키이스는 날 놀려먹을 입장이 되지 못한다.
말이 났으니 말이지 진짜 신기하게 생긴 건 키이스 본인이다.
난 태어나서 키이스처럼 신기한 생명체를 본 적이 없다.
키이스의 피부는 흑인처럼 까만데, 머리카락은 백인처럼 밝은 금발이다.
게다가 아직 아이인데 키는 웬만한 어른보다도 컸다.
다 크면 아마도 기린만큼 되지 않을까 싶다.
"너처럼 검은 피부의 소년이 어떻게 백인 할머니의 손자이니?"라고 물어보고 싶지만, 그런 질문은 하지 않을 것이다.
세상에 존재하는 모든 것들이 다 설명 가능한 것은 아니다.
나같이 '그림 없는 흰색 퍼즐'이 존재하듯이 말이다.

쿨퍼즐

'쿨퍼즐'

이게 여기에서 나의 새 이름이 되었다.

쿨은 세련되고 멋지다는 뜻이다.

분명 좋은 뜻이긴 한데 별로 기분이 썩 개운하지 않다.

키이스가 진심으로 나를 멋지다고 생각한 것인지 의심스럽다.

키이스의 집은 전체적으로 창고 같은 분위기가 났다.

거실 중앙에는 커다란 합판 테이블이 있고, 벽에는 철제 선반들이 쭉 둘러있다. 침대를 제외하고는 가구다운 가구는 거의 없다.

그리고 안쪽 구석에는 폐지나 빈 사과상자 같은 재활용품들이 가득 차 있다. 그것들은 키이스를 위해 할머니가 주워 모아 놓으신 것이다.
뭔가를 그리거나 만들기를 좋아하는 키이스는 그런 것들에 낙서 같은 그림을 그리거나, 박스를 이어 붙여 이상야릇한 조각을 만들어 내곤 했다.

"쿨퍼즐을 어디에다 모실까?"
키이스는 내게 이름을 지어준 후 호들갑을 떨며 나를 어느 곳에 보내야 할지를 고민했다.
이곳에도 퍼즐을 모아둔 박스가 있으니 나는 당연히 그곳으로 갈 줄 알았다. 하지만 키이스는 나를 퍼즐 박스가 아닌 다른 곳으로 보내려는 것이다.
내게 쿨퍼즐이라는 그럴듯한 이름까지 지어주었으니, 이름에 걸맞은 멋진 자리로 나를 보내주려는 생각일까?
이 방에서 제일 좋은 자리는 창가 옆의 높은 선반이다.
그곳에서는 방 전체가 잘 조망되고 창문으로 밖을 내다볼 수도 있다.
나는 내심 그곳으로 가기를 기대하고 있다.
그런데 한참을 고민하던 키이스는 식탁 위에 먼지가 수북이 쌓인 작은 어항으로 눈을 돌렸다.
'제발 그 어항만은 아니길...'
한때 빨간 금붕어가 한 마리쯤 살았을 그곳에는 미세한 균열이 있어 사용하지 않는 어항이다. 지금은 모래와 조개껍데기 같은 쓸모없는 것들이 남아있을 뿐이다. 거기로 가느니 차라리 퍼즐 박스로 가는 것이 낫다.

하지만 키이스는 기어이 나를 그 마른 어항에 놓았다.

"앗, 따가워"

키이스가 나를 어항에 넣었을 때 나는 뾰족한 것에 등을 찔렸다.

난 신경질적으로 비명을 질렀다.

"어이쿠, 미안해~ "

누군가의 목소리가 들려 돌아보니 검게 썩은 삐죽삐죽한 모양의 판자 조각이었다.

필시 검은 판자의 삐죽한 모서리에 내가 찔린 것이다.

판자 조각은 갑작스러운 나의 출현에 놀라 몹시 당황한 표정이었다.

그는 이내 정중히 내게 사과를 했다.

"정말 미안해. 많이 아프니? 고의는 아니었어. 제발 용서해줘"

상대방이 이렇게 깍듯이 사과할 때는 나도 관대하게 응대해야 예의지만,

상황 자체가 너무 짜증이 나서 괜찮다는 말이 선뜻 나오지 않았다.

어색한 첫 만남이 되어버린 분위기를 바꾸어 보려는 듯 검은 판자는 자기소개를 했다.

"만나서 반갑다. 내 이름은 블랙스타야. 내 모습이 검은 별을 닮았다고 해서 키이스가 지어준 이름이야."
'별을 닮았다고? 웃기시네'
나는 하마터면 맘속의 생각을 크게 말해 버릴 뻔했다.
도대체 검은 판자의 어느 부분이 별을 연상시키는지 눈을 씻고 봐도 알 수가 없다. 그는 그냥 썩어 빠진 검은 판자 쪼가리다.

키이스는 그림도 없는 퍼즐인 나에게는 쿨퍼즐이라 이름 붙이고, 삐죽삐죽한 검은 판자 쪼가리에는 블랙스타라는 분에 넘치는 이름을 붙였다.
분명 키이스는 우릴 놀리는 것이다. 그는 시시한 것들에 멋진 이름을 붙임으로써 냉소적인 농담을 하는 것이다. 키이스에게 삐딱한 면이 있을 거라고 예상하고는 있었지만, 이 정도로 뒤틀린 아이인 줄은 몰랐다.

블랙스타를 되도록 멀리하고자 노력했지만, 좁은 어항 안에서 그를 피해 다니기는 쉽지 않다. 게다가 여기는 우리 둘밖에 없다 보니, 이런저런 일로 어쩔 수 없이 부대끼게 된다.
그때마다 나는 우리가 왜 같이 있게 된 것일까를 집착적으로 생각했다.
키이스는 어떤 이유로 블랙스타와 나를 한방을 쓰게 한 것일까?

블랙스타는 검고 거친 판자 조각이고 나는 하얗고 매끈한 퍼즐이다.
아무리 봐도 그와 나는 공통점이라고는 없다.
블랙스타는 한때 어항용 장식조각이었을 것 같다. 지금은 썩어 비틀어져 장식으로서의 가치조차 없지만 말이다.
그렇다면 키이스는 우리가 쓸모가 없다는 점에서 유사하다고 생각한 것일까?

아무리 생각해봐도 우리 둘 다 목재 재질이라는 것 외에는 공통점이 없다.
그런데 최근에 공통점을 한 가지 더 발견했다.
나는 왼쪽 허리에 움푹하게 찢겨 나간 상처가 있다. 그런데 블랙스타도 거의 같은 위치에 매우 흡사한 모양으로 뭔가가 부서져 나간 것 같은 부분이 있다.
이 무슨 달갑지 않은 우연인가?
나는 퍼즐 전문가가 나의 흉터를 지적한 이후로, 허리춤에 손을 올리고 다닌다. 그러면 남들이 눈치채지 못하게 그곳을 가릴 수 있기 때문이다.
그런데 블랙스타는 자신의 흉터를 완전히 드러내놓고 다닌다. 심지어 그걸 인식조차 하고 있지 않은 듯 보였다.
그의 무신경한 행동은 지속해서 나의 신경을 거슬린다. 그의 흉터를 볼 때마다 왠지 나의 치부를 훤히 들여다보는 기분이 들기 때문이다.

나는 참다못해 한마디 했다.
"블랙스타, 나처럼 이렇게 왼손을 허리춤에 올려봐, 그러면 흉터를 자연스럽게 가릴 수 있어."
"걱정해 줘서 고마워. 하지만 난 괜찮아."
나는 그의 말이 이해되지 않아 의아한 눈으로 그를 바라보았다. 그러자 블랙스타는 아무렇지 않은 듯 말했다.
"상처는 그냥 상처일 뿐이야. 조금 도드라져 보일 수는 있지. 하지만 상처는 누구에게나 있는 거야. 무릎이나 복사뼈처럼 말이야. 그러니까 굳이 숨기지 않아도 돼."
"블랙스타. 말 안되는 소리 마. 다른 친구들은 상처가 없었어."
"보이지 않는다고 상처가 없는 건 아니야. 마음의 상처는 보이지 않지. 때론 마음의 상처가 더 아플 수도 있지."

블랙스타의 말대로 누구에게나 상처가 있는 것이 사실일까?
그렇다면 내 상처도 굳이 숨기지 않아도 될까?
나는 나의 상처를 자세히 들여다보았다.
하지만 그건 아직 '아물지 않은 나 혼자만의 상처'였다.

빛나지 않는 별

첫 만남부터 삐걱거렸지만 블랙스타와는 단 하루도 평안하게 지나가는 날이 없다. 하나부터 열까지 모든 것이 거슬리지만 그 중 최악은 블랙스타가 뻔뻔스럽게도 자신이 진짜 검은 별이라고 계속 우겨대는 것이다.

처음에 나는 그가 농담하는 줄 알았다. 그런데 농담이 아니었다.

그가 어떻게 착각하며 살든지 나랑은 상관이 없는 일이다.

그러나 허망한 망상에 사로잡혀 자신이 진짜 별이라고 굳게 믿고 있는 블랙스타가 꼴 보기 싫었다.

아무리 착각은 자유라지만 지나친 망상은 정신건강을 헤칠 수 있다.

이 어항에서 그의 유일한 이웃인 나로서는 망상에 빠져 사는 이웃을 계속 모른 척 두고 볼 수만은 없는 일이다.

그를 쓸데없는 망상에서 벗어나게 해주어야 할 것 같았다.
우선 막무가내 고집불통인 블랙스타를 어떻게 설득할 것인가를 먼저 생각해 봤다. 설득에는 작전이 필요하다.
나는 일단 작은 칭찬으로 대화를 시도해 보았다.
"블랙스타, 네 이름은 정말 멋있어"
"진짜? 그렇게 말해줘서 고마워"
블랙스타는 나의 숨은 의도를 전혀 눈치채지 못하고 좋아 어쩔 줄 몰라 했다. 칭찬의 기술이 제대로 먹힌 것 같다. 이제 다음 단계로 나가야 한다.
"그런데 말이야~ 네 이름이 블랙스타라고 해서 설마 네가 진짜 별이라고 착각하는 건 아니지?"
"무슨 소리야?"
나는 그의 안색을 살피며 조심조심 천천히 말을 이어 갔다.
"별이라면 빛이 나야 하는데 너는 빛이 나지 않잖아. 안 그래?"
"그렇지. 나는 빛이 나지 않지!"
블랙스타는 고개를 끄덕거리며 수긍했다.
다행히 완전히 막무가내로 우기지는 않는구나 하고 마음을 놓은 순간, 그는 내 상식을 사정없이 강타했다.
"그렇기 때문에 나는 특별한 별이야. 빛나지 않는 별은 우주에 나 하나뿐이거든."

나는 내 귀를 의심했다. 이게 무슨 말도 안 되는 궤변인가? 그의 망상은 생각보다 심각했다.

그건 마치 헬륨 가스로 가득 찬 끈 풀린 풍선과도 같다. 그냥 두면 풍선은 하늘 높이 끝없이 날아올라 높은 기압에 의해 산산이 터져 버릴 것이다.

"네가 빛나지 않아서 더 특별한 별이라고?"

그는 천연덕스럽게 고개를 끄덕였다.

나는 비위가 몹시 뒤틀렸다. 나의 인내심이 드디어 한계를 찍었다.

"네 말이 맞는다고 치자. 네가 빛이 나지 않아서 특별한 검은 별이라면, 나는 엄청 대단한 퍼즐이겠네? 다른 퍼즐들은 다들 그림과 색이 있는데 나만 아무것도 없는 퍼즐이니 얼마나 특별해? 그야말로 세상에 유일한 그림 없는 퍼즐 아니겠어?"

나는 너무 흥분한 나머지 자기비하까지 해가며 그를 공격했다. 그러나 블랙스타는 동그란 검은 눈을 반짝이며 말했다.

"그래 네 말이 맞아, 너는 진짜 멋진 흰색 퍼즐이지."

나는 너무 부아가 치밀어 완전히 템포를 잃고 거칠게 쏘아붙였다.

"야! 너 지금 나를 놀리는 거지?"

블랙스타는 이제야 당황하는 표정을 지었다.

"내가 왜 널 놀리겠니? 그건 오해야."

우리 사이에 어색한 정적이 흘렀다.

잠시 후 블랙스타는 진지한 표정으로 말을 이었다.

"왜 네가 아무 색도 없는 퍼즐이라고 생각해? 넌 흰색 퍼즐이잖아?"

그는 회상에 젖은 듯 먼 하늘을 바라보며 말했다.

"솔직히 말하자면 너를 처음 본 순간 나는 숨이 멎는 줄 알았어. 너처럼 티 한 점 없이 완벽하게 아름다운 흰색 퍼즐은 처음 보았거든. 내가 태어나 본 모든 퍼즐 중 네가 가장 멋졌어."

블랙스타의 난데없는 찬사에 나는 어안이 벙벙해졌다.

블랙스타는 놀라 넋 놓고 있는 나를 빤히 마주 보며 또박또박 말을 이어갔다.

"흰색은 모든 색의 시작이고 순수와 신성을 의미하지. 그렇지만 내가 흰색을 좋아하는 진짜 이유는 무척 단순해. 그건 흰색이 모든 색 중에 가장 아름다운 색이기 때문이야."

블랙스타의 말에 내 머릿속은 이루 말할 수 없이 혼란스러워졌다.

갑자기 어디선가 난데없이 큰 망치가 날아와 내 두개골을 내리치고는, 깨진 두개골 안에 커다란 거품기를 집어넣어 두부 같은 뇌의 회백질을 마구 휘젓는 것만 같았다.

나는 한 번도 흰색을 진짜 색이라고 생각해 본 적이 없었다. 내게 흰색은 그냥 아무 색이 없는 것이다.

나의 피부색이 희다는 것은 평생 나의 콤플렉스였다.

흰색에 그림조차 없는 내가 과연 퍼즐이기는 한 것일까? 하며 퍼즐로서의 정체성에 의문까지 가졌었다.

그런데 블랙스타의 말대로라면 나는 모자라는 퍼즐이 아니라 완벽하게 아름다운 퍼즐이다.

그렇다면 나는 '특별하고도 멋진 흰색 퍼즐'이라고 자부심을 느껴도 되는 걸까?

나는 거울 앞에 서서 가슴을 활짝 펴 보았다.

하지만 거울 속에는 '아무것도 없는 밋밋한 흰색 퍼즐'이 멀뚱히 나를 마주 보며 서 있을 뿐이었다.

블랙스타가 진짜 별이라는 주장을 처음 들었을 때는 이게 무슨 황당한 궤변인가 싶었다.

그런데 아무도 인정해 주지 않아도, 자신이 '빛나지 않는 검은 별'이라는 것을 의심하지 않는 블랙스타를 계속 보니 나 또한 이상하게 변해갔다.

나는 차츰 그의 말이 맞을지 모른다고 생각하게 되었다.

내가 블랙스타에게 세뇌되어 가는 것인가?

처음 며칠은 어항으로 오게 된 것에 기분이 상해서 꼼짝 않고 있었다.

그런데 지내보니 여기도 나쁘지 않았다. 우선 어항은 시야가

탁 트인 것이 투명 집과 비슷해서 낯설지 않았다.

투명 집에서는 하늘이 네모로 보였는데, 이곳 어항에서는 하늘이 동그랗게 보인다.

투명 집의 벽은 반듯해서 바깥 사물이 그대로 선명하게 보였는데, 마른 어항은 볼록렌즈같이 둥글어서 밖의 허접한 사물들이 왜곡되어 모두 그럴듯하게 보인다.

또한 이곳의 바닥에는 하얗고 고운 모래가 푹신하게 깔려있고 빈 조개껍데기와 조약돌이 있어 살짝 바닷가 분위기가 난다.

모래 바닥에 누워 동그란 하늘을 보면, 내가 영화 트루먼 쇼에 나오는 거대한 인공 세트에 들어와 있는 주인공이 된 것 같은 기분이 든다.

여기를 탈출해 나가면 밖에는 멋지고 역동적인 진짜 세상이 나를 기다리고 있을 것만 같다.

인정하고 싶지 않지만 첫인상과는 달리 블랙스타는 아주 시시하지는 않았다. 촌스럽게 보이던 블랙스타의 거친 검은색은 록스타의 낡은 가죽점퍼 같은 야생적인 매력이 있다. 게다가 어디서 주워들었는지 그는 세상에 대한 지식도 많았다. 무엇보다 그는 유머가 넘쳐서 그와 수다를 떨다 보면 나는 배꼽을 잡고 깔깔거리다 바닥을 구르곤 했다.

그렇지만 블랙스타에게는 너무 뾰족한 부분이 많아서 찔리지 않으려면 한 발짝 정도의 거리를 두어야 했다. 일정한 거리를 두고 나는 조심스럽게 그에게 다가갔다.

우리는 마른 어항의 모래펄에 누워 동그란 하늘을 보며 이런 저런 이야기를 하며 지냈다. 그렇게 블랙스타와 나는 많은 시간을 같이 보냈고, 어느새 우리는 단짝이 되었다.

갈색 퍼즐

할머니는 새벽부터 청소 일을 나가시므로 키이스는 거의 모든 것을 스스로 해결해야 한다.
키이스는 혼자 아침을 먹고 학교에 간다.

키이스는 예술가가 되고 싶어 하는 것 같다.
방과 후에도 집으로 바로 와서 종일 혼자 그림을 그리거나 뭔가를 만든다.
내가 보기에도 키이스가 미술에 어느 정도의 재능이 있다는 건 인정한다.
그의 습작들에서는 단순하지만 순수한 아름다움이 느껴진다.

하지만 키이스가 예술가가 되는 꿈을 꾸는 것은 부질없는 짓이다.
내가 아는 한 예술가가 된다는 건 그리 쉬운 일이 아니다.
그런 꿈은 몹시 비싸다.
엄청난 돈과 시간, 그리고 노력이 필요하다.
거기에 인맥과 시대적인 행운까지 따라줘야만 비로소 한 사람의 예술가가 탄생하는 것이다.

키이스는 키만 멀대 같이 컸지, 아직 어려서 세상이 어떻게 돌아가는지 통 모르는 것이다.
주워온 종이 따위에 아무거나 찍찍 그리고, 박스 쪼가리나 이어 붙인다고 누구나 예술가가 되는 건 아니다.
예술가가 되려면 최소한 제대로 된 미술 교육을 받아야 한다.
그러나 할머니의 월급으로는 방세와 식비를 해결하기에도 빠듯하다.
값비싼 미술 재료를 사거나 개인 교습을 받는 것은 그에게는 가당치 않은 먼 나라 이야기이다.

주인집에서 늦어진 월세를 독촉하러 왔다.
할머니께서 독감에 걸려서 2주 동안 일을 쉬어서 월세가 밀린 것이다.
할머니는 사정을 이야기하고 조금만 더 기다려주기를 간청

했다.

간신히 쫓겨나는 일은 면했지만, 그 일이 있은 뒤로 키이스는 자신의 상황을 어느 정도 파악한 것 같다.
방세조차 밀리는 자신의 처지로는 예술가가 된다는 꿈을 꾸는 것은 헛된 꿈이라는 것을 깨달은 것이다.
이후로 키이스는 그림이나 조각 같은 것들을 더 이상 만들지 않았다.
어찌 보면 차라리 잘된 일이다.
아무짝에도 쓸모없는 것들을 만드느라 시간을 허비하느니 그 시간에 열심히 공부를 해서 의사나 변호사 혹은 전기 기술자 같은 직업다운 직업을 가지는 게 나을 듯싶다.

그런데 문제는 엉뚱한 곳에서 발생했다.
그림을 포기한 키이스는 다른 것도 전부 포기한 것이다.
대단한 모범생은 아니었지만, 학교 수업만큼은 꼬박꼬박 다니던 키이스가 요새는 수업도 자주 빼먹고 집에서 빈둥댔다.
숙제는 아예 할 생각조차 하지 않는다.
그저 벽 쪽으로 머리를 박고 컴퓨터 게임만 하고 있다.
그의 등짝을 보고 있으면 키이스가 자신의 현실에서 등을 돌린 모습이 보인다. 컴퓨터 게임은 현실을 잠시 잊게 해주는 것 같다.

온종일 게임을 하다가 지겨워지면 키이스는 간혹 고개를 돌려 어항 속의 나를 빤히 바라보곤 했다. 그가 나를 한번 바라보기 시작하면 20분 정도를 넋을 잃고 바라본다.
옛날부터 누군가 나를 그런 눈으로 바라보면 기분이 썩 좋지는 않았다.
십중팔구는 '어라? 저 퍼즐 좀 이상하네?' 하는 시선일 것이기 때문이다.
그렇기에 나는 키이스의 그런 따가운 시선이 달갑지 않았다.
게다가 누구도 나를 그렇게 오래 보지는 않았었다. 그도 그럴 것이 그림 없는 퍼즐인 나를 뭘 볼 게 있어서 그렇게 오래 보겠는가.

처음에는 키이스의 시선이 부담스러웠다.
그런데 그런 일들이 반복되자 이젠 전혀 신경 쓰이지 않게 되었다.
오히려 키이스가 나를 마주해주는 시간이 은근히 기다려졌다.
키이스가 나를 오래 들여다보아 주는 것만으로도 왠지 나는 그의 마음을 읽을 수 있을 것 같았다.
아무 말 안 해도 나는 느낄 수 있다.
그가 나에게 관심을 보여주는 것이라고 말이다.
어떻게 아느냐고? 그런 것은 그냥 아는 것이다.

키이스에 대해 온갖 반감과 실망한 마음만이 가득했었는데 조금씩 다른 감정이 들었다. 그렇다고 그가 당장 좋아졌다는 뜻은 아니다.

난 여전히 키이스가 불편하다. 그렇지만 그에게 닫혀 있던 빗장이 약간은 헐거워진 기분이 든다.

마냥 바라보기만 하던 키이스가 나를 어항에서 꺼내더니 식탁 위에 조심스레 세워 보았다. 나를 세운 뒤에는 앞뒤로 거리를 조절하며 자신의 위치에서 보기 좋아 보이는 각도를 찾아내었다.

선반에서 갈색 빵 봉지와 목탄 등 드로잉 재료도 꺼냈다.

갈색 빵 봉지를 조심스럽게 뜯어 펼치더니 검은 목탄으로 무엇인가를 그리기 시작했다.

키이스가 그림을 포기한 줄 알았는데 그새 알량한 예술가 병이 도진 것이다.

나는 정물이 되어 꼼짝없이 포즈를 취해주고 서 있어야 했다.

나는 두꺼운 나무로 된 퍼즐이라 중심만 잘 잡히면 서는 건 그렇게 어렵지 않다. 그러나, 움직이지 않고 꼼짝없이 서 있는 건 나에게도 힘든 일이다.

게다가 한 포즈로 오래 서 있다 보니 엄청 지루해졌다.

도대체 내가 힘들게 서 있어야 하는 이유가 뭔가?

'나는 퍼즐이지 정물이 아니다.'

나는 짜증이 나서 테이블 진동에 흔들린 척 일부러 쓰러졌다.

키이스는 드로잉을 멈추고 나를 다시 일으켜 세웠다.

그리고는 그놈의 망할 정물화 그리기에 열중했다.

나는 조금은 더 버텨 주었지만, 곧 지겨워졌다.

나는 키이스가 지우개를 사용할 때 그 진동을 이용해 또 쓰러졌다.

키이스는 크게 한숨을 쉬더니 미간을 잔뜩 찌푸렸다.

이번에는 나를 다시 세우기를 포기한 듯 무시하고 계속 그림을 그렸다. 한참을 그렇게 열중하더니 드디어 완성한 듯 빵 종이를 위로 들어 보았다.

키이스의 표정이 어두워졌다.

그는 무엇이 맘에 들지 않는지 빵 종이를 마구 구겨 테이블 위에 던져 놓고 나가버렸다.

저녁 시간이 되어도 키이스는 돌아오지 않았다.

그는 집돌이라서 잘 나가지도 않지만, 더구나 밤늦도록 돌아오지 않는 일은 거의 없다.

나는 슬슬 걱정이 되었다.

'어찌 된 일일까? 혹시 나에게 화가 난 것일까?'

나는 서 있기 귀찮아서 꾀를 부렸던 것이 조금 후회되었다.

테이블 위에는 키이스가 구겨버린 빵 봉지가 덩그러니 그대로 있었다.

그는 무엇이 맘에 안 들어 몇 시간 동안이나 애써 그리던 것을 버린 것일까?

나는 꼭꼭 말려있는 빵 봉지를 펴 보았다.

"아!"

하고 절로 탄성이 나왔다. 온몸에 소름이 돋았다.

거기에는 갈색 퍼즐이 그려져 있었다.

나는 감격에 숨조차 멈춘 채로 그림을 멍하니 바라보았다.

'내가 갈색 퍼즐이 되다니.'

이런 느낌은 뭐라고 표현해야 할지를 모르겠다.

'이런 것을 감동이라고 해야 하나?'

그림을 바라보며 키이스에 대해 복잡했던 마음이 눈 녹듯 한순간에 사라졌다.

나는 떨리는 마음으로 그를 기다렸다.

키이스는 아주 늦은 밤이 되어서야 돌아왔다. 나는 반가움에 뛸 듯이 기뻤다.

그런데 키이스는 내가 있는 테이블 쪽은 꼴도 보기 싫다는 듯 아예 쳐다보지도 않고 침대에 누워버렸다.

벽을 향해 누운 키이스의 등이 조금씩 움직였다.

그가 소리 없이 흐느끼고 있었다.

나는 너무 마음이 아팠지만 어떻게 그를 위로해야 하는지 알 수 없었다.

다음날 나는 아침 일찍부터 테이블 위에 포즈를 잡고 서서 키이스를 기다렸다. 나의 이런 행동이 그에게 도움이 될지 확신은 없지만, 키이스가 그림을 그리도록 돕고 싶어졌다.
그런데 키이스는 해가 중천에 뜨도록 일어나지 않았다.
그는 오후 늦게 간신히 일어나서는 식사도 하지 않고 나가버렸다.
그리고 저녁 늦게 들어오고 바로 잠을 자 버렸다.
그 다음날도 또 그 다음날도... 그랬다.

그렇게 며칠이 지나버리고 토요일이 되었다.
주말에는 할머니가 일을 가지 않으시고 키이스와 함께 아침 식사를 하신다. 할머니는 식탁을 차리다 빵 봉지에 그려진 그림을 발견했다.
"키이스, 이것 네가 그린 거냐? 퍼즐 그림이 멋지구나."
키이스는 할머니의 칭찬 따위는 그다지 반갑지 않다는 듯 툴툴거렸다.
"왜 안 좋겠어요? 할머니 눈에야 손자가 그린 건 무조건 좋아 보이겠지요."
"할미 눈에 네 그림이 다 좋아 보이긴 하지. 인정한다. 하지만 이 그림은 진짜 훌륭하단다. 그건 객관적으로 누가 봐도 정말 아름다운 그림이야."

할머니가 장을 보러 나가신 후 키이스는 빵 종이 위의 그림을 들여다보았다. 자신의 그림이 객관적으로도 좋은 그림인지가 궁금한 것이다.
한참을 들여다보더니, 다시 마음을 잡은 듯 그림을 그리기 시작했다.
나는 뛸 듯이 기뻤다.
맹세컨대 나는 이번에는 꾀를 피우지 않고 열심히 모델을 서 줄 것이다.
'결심은 쉬웠다. 다만 그걸 실천하는 일은 천 배는 어려웠다.'
엄살이 아니다. 한 자세로 오래 포즈를 취하고 있으면 전기에 감전이라도 된 듯 찌르르한 통증이 일 때도 있다.
그럴 때마다 나는 빵 봉지에 그려졌던 '갈색 퍼즐 초상화'를 떠올렸다.
그러면 고통을 참을 수 있었다.

키이스는 재활용 종이를 사용하므로 덕분에 나는 온갖 다양한 색과 그림의 퍼즐로 그려졌다. 그중 가장 맘에 드는 것은 고풍스러운 실크 벽지 위에 덧 그렸던 퍼즐 그림이다.
'유럽풍 페이즐리 무늬의 퍼즐이 된 나의 모습이 상상이 가는가?'

듀엣, 서로의 배경

한동안 키이스의 모델을 서 주느라고 바빠서 블랙스타를 거의 만나지 못했다. 나는 오랜만에 짬을 내서 블랙스타를 찾아갔다.
블랙스타는 그간 자신에게 소원했던 내게 많이 섭섭해하는 기색이었다.
"요! 락스타. 새 앨범 발표는 언제 할 건가?"
나는 그의 기분을 풀어주고 싶어 싱거운 농담을 던졌다. 하지만
분위기만 더 어색해졌다.
역시 나는 말로 남을 웃기는 데는 젬병이다.

장난이라도 걸어서 기분을 풀어줘야겠다.

나는 두 손을 들어 손가락을 오글거리는 포즈를 취했다. 블랙스타는 간지럼을 무척 많이 타서 내가 이렇게 하는 것만 봐도 못 참고 웃음을 터트리곤 했다. 그런데 블랙스타는 장난조차 받아줄 기분이 아닌 듯 내 손을 피해 갑자기 몸을 휙 비틀었다.

"덜커덕"

그 바람에 내 왼손이 그의 허리 아래 흉터에 끼었다.

나는 놀라 내 손을 빼려 했지만 빠지질 않았다.

손을 빼려 허둥대는 내 모습이 웃기는지 블랙스타가 드디어 웃음을 터뜨렸다. 나도 웃음이 터졌다.

아무튼 성공이다.

그의 흉터에 나의 손이 꽉 물려있는 이상한 꼴로 우리는 한참을 낄낄댔다.

그때 키이스가 갑자기 들어오는 인기척이 들렸다.

우리는 놀라 떨어지려 했지만 블랙스타의 허리 쪽에 걸린 내 손은 쉽게 빠지지 않았다. 이 상태에서 그만 키이스가 우리를 발견했다.

우리는 이상하게 엮인 채로 엉거주춤 서 있었다.

키이스는 한 덩어리가 된 우리를 들어 올리더니 근처 작업대 위에 올려놓았다. 그리고는 무슨 대단한 작품이라도 감상하듯 작업대 주위를 천천히 돌았다. 그리고 핸드폰으로 여러 각도에서 사진을 찍었다.

키이스는 무슨 생각인지 나와 블랙스타를 싱크대로 데려가더니 우리에게 식용유를 들이부었다.
'이게 무슨 미친 짓이지?'
놀라는 순간 블랙스타 허리 상처에 끼어있던 내 손이 '미끄덩' 하고 빠졌다.

키이스는 기름으로 우리를 분리한 후 다시 작업대로 옮겼다.
그리고 블랙스타의 표면을 고운 사포로 갈아내고 표면을 부드러운 헝겊으로 정성 들여 닦아주었다.
블랙스타의 검은 피부가 더 짙고 깊은 검은색이 되었다.

나는 이제야 키이스가 그에게 블랙스타라는 이름을 지어준 것을 이해하게 되었다.
키이스는 처음 블랙스타를 보는 순간부터, 썩은 판자에게서 이토록 아름다운 검은색을 보았던 것이다.
우주의 모든 색을 빨아들인 듯한 깊고 아름다운 검은색 말이다.

키이스는 나에게도 투명 왁스를 여러 겹 덧발라주었다.
그러자 나의 흰 피부가 뽀얗게 돋보였다. 키이스는 우리 둘을 다시 끼워 조각대 위에 세웠다.

키이스는 결과가 맘에 드는지 우리를 만족스러운 눈빛으로 바라보았다.

그동안 나는 늘 다른 퍼즐들을 돋보이게 하는 흰 배경의 역할만 했었다.
그건 아무것도 없는 퍼즐로서 무난하게 살아남는 유일한 방도이기도 했다.
그러나 블랙스타와 함께 할 때는 달랐다.
드디어 나도 주인공이 된 것이다.
블랙스타는 나의 흰색을 돋보이게 해주는 검은 배경이 되어주었다.

그와 나의 하얗고 까만 피부색은 서로의 배경이 되어 어느 한쪽으로도 기울지 않았다.
우리는 서로의 배경이고 두 명의 주인공인
'완벽한 듀엣'이었다.

다음날 키이스는 대나무 바구니에 모아 놓은 퍼즐들을 꺼냈다.
그것들은 한눈에도 멀쩡해 보이는 게 별로 없었다.
형태도 색깔도 서로 전혀 맞지 않았을 뿐 아니라 여기저기 찢어진 상처 있는 퍼즐들이 많았다.
키이스는 하나하나의 퍼즐들을 세심하게 다듬었다.

그는 색이 다른 퍼즐들의 개성적인 각각의 색을 그대로 선명하게 살려 주었다. 그리고 상처가 있는 퍼즐들은 서로 연결시켰다.
둥글게 연결된 알록달록한 퍼즐들은 마치 무지개 같았다.

블랙스타를 위로하고 싶었던 나의 작은 마음이, 나와 블랙스타를 연결하고, 다른 많은 퍼즐을 연결해 주었다.
이제 내 상처는 더 이상 아물지 않은 나 혼자만의 상처가 아니었다.
그것은 고리처럼 서로를 연결해 주고 흔들리지 않게 잡아주는 훌륭한 지지대가 되었다.

키이스는 6개월 넘게 쉬지 않고 작업을 해왔다.
나도 그를 도와 열심히 일해 왔다. 모델이란 일은 생각보다 힘들지만, 변신하는 나의 모습을 보는 것 자체가 너무 매력적이어서 계속하게 된다.
완성된 작품을 보면 우아해 보이지만, 그것을 위한 노력은 전혀 우아하지 않았다. 멋진 모습 아래에는 많은 인내와 고통이 필요했다.
키이스가 나를 다듬을 때는 사포로 옆구리를 갈아내기 때문에 몹시 아프다. 과장을 조금 보태자면 생살을 찢는 고통이지만 나는 불평하지 않고 참아냈다. 그렇게 버티어낸 시간들에서 뿌듯함이 느껴진다.

때론 온몸의 뻐근한 근육통이 기분 좋게 느껴진다. 나도 뭔가 세상에 한몫을 한 기분이다.

처음에 키이스는 퍼즐들의 상처끼리 끼워서, 레고처럼 조합하고 해체하는 방식으로 작품을 만들었지만, 이후로는 다른 여러 가지 다른 방식도 시도했다. 때론 유리나 거울 같은 전혀 예상할 수 없는 재료로 퍼즐을 만들기도 하고 또한 그것들을 일상적인 오브제*와 함께 구성하기도 했다.

그런 것들은 내가 알고 있던 그림이나 조각과는 달라서 무척 생소했다.

한 번은 키이스가 낚싯줄을 이용해서 퍼즐들을 공중에 매달았는데, 조명을 받은 퍼즐들은 별처럼 빛났다.

각자의 색깔로 반짝거리는 퍼즐들은 한 덩이의 은하수 같았다.

그중 가장 높은 곳에 블랙스타가 보였다.

모두가 빛을 뿜어내는 와중에 빛이 나지 않는 짙은 검은색으로 조용히 자리를 지켰다. 블랙스타의 주장이 옳았다.

혼자서 빛나지 않는 검은 별 블랙스타는 과연 군계일학처럼 돋보였다.

---

* 오브제 : 물체, 대상, 객체 등의 의미를 지닌 프랑스어. 미술에서는 예술과 무관한 물건을 본래의 용도에서 분리하여 작품에 사용함으로써 새로운 느낌을 일으키는 상징적 기능의 물체

키이스가 검은 판자 조각을 블랙스타라고 하고 그림 없는 퍼즐인 나를 쿨 퍼즐이라고 이름 지었을 때, 그가 비열한 수법으로 우리를 놀린다고 생각했다.
그러나 지금 생각해 보면 키이스는 첫눈에 우릴 알아본 것이다. 그는 검은 판자 조각에서는 깊고 아름다운 검은 별을 보았고, 그림 없는 흰 퍼즐에서는 뭐든 그릴 수 있는 흰 도화지 같은 가능성 보았다.

나는 세상의 많은 사람들이 편견이라는 색안경을 쓰고 있다고 생각했다.
그래서 세상이 부조리한 편견으로 가득한 것이라고 말이다.
그러나 내가 몰랐던 사실은 내가 색안경을 쓰고 있었다는 것이다.
그래서 내가 바라보는 세상이 어두웠던 것이다.
매사를 어두운 시각으로 비틀어 보던 성숙치 못한 존재는 키이스가 아닌 나였다.

뮤즈

'나 때문에 전시를 망치면 어쩌지?'
이렇게 이상하게 가슴이 뛰는 건 처음이다.
비록 키이스의 교내 축제에 열리는 작은 전시지만 나에겐 일생일대 처음 있는 큰 사건이다.
내가 남들 앞에 서서 뭔가를 보여주어야 한다니 너무나 두렵고 떨린다.
게다가 나는 무대 울렁증이 있다. 너무 두려워서 도망가고 싶어졌다.
그러나 진짜로 도망치지는 않을 것이다.

축제 오프닝에는 다들 모양을 한껏 냈다.

키이스는 머리를 무스로 바짝 세우고 멀끔한 모습으로 나타났다.
안 그래도 큰 키에 머리를 세워서 2m는 돼 보였는데 성큼성큼 걷는 모습에서 패션모델 같은 멋짐이 폭발했다.
할머니는 하마터면 못 알아볼 뻔했다.
한 벌뿐인 정장인 연보라색 투피스를 갖추어 입고 오셨는데, 같은 색 모자까지 어찌나 잘 어울리는지 마치 엘리자베스 여왕님 같았다.
나는 무대 울렁증 때문에 걱정했지만 잘 버텨냈다.
행사 내내 나는 허리를 쭉 펴고 숨을 크게 들이마시며 평정심을 유지하도록 노력했다.

학생들은 여러 전시작품 들을 배경으로 사진을 찍어 SNS에 올리며 즐거워했다. 내 입으로 이런 말을 하기는 좀 그렇지만 우리는 모든 전시작품 중 최고로 인기가 좋았다.
학생들이 퍼즐 작품을 배경으로 셀카를 찍으려고 밀려들어 줄을 설 정도였다.

키이스는 이런 인기가 처음이라 어리둥절한 표정이었다. 게다가 시내에서 작은 화랑을 직접 운영하신다는 갤러리 사장님이 즉석에서 키이스의 작품 한 개를 구매하셨다.
키이스는 작품 판매로 받은 돈을 빈 유리병에 넣어 거실 선반

위에 자랑스럽게 올려놓았다. 유리병이 마치 트로피같이 근사해 보였다.
키이스는 믿기지 않는 듯 혼잣말을 했다.
"내가 진짜 작가들처럼 작품을 판매하다니"
축제가 끝난 후에도 학생들은 트윗, 페이스북, 인스타그램 등에 키이스의 퍼즐 작품과 함께 찍은 자신들의 사진을 계속 올렸다. 이것들은 순식간에 SNS에 퍼져갔다. 키이스는 신이 나서 유튜브에 그동안 만든 퍼즐 작품과 제작과정을 차근차근 올리기 시작했다. 퍼즐 제작 유튜브는 생각보다 많은 사람들이 좋아했고 정말 믿을 수 없게도 몇 달 만에 100만 뷰를 달성했다. 고등학생 퍼즐 작가 유튜버의 소문을 듣고 지역 방송국의 간판프로인 '오늘 아침'에서 키이스에게 인터뷰 요청을 해 왔다.

아침 일찍 방송국에서 아나운서와 카메라맨이 키이스의 집을 방문했다.
"키이스. 저는 생방송 '오늘 아침'의 아나운서 클로이입니다. 작업실 방문과 인터뷰를 허락해 주셔서 감사합니다."
"천만에요, 저야말로 영광입니다."
마치 화면에서 방금 튀어나온 듯한 오렌지색 긴 머리의 아나운서는 발랄하고 아름다웠다. 그녀는 호기심 가득한 눈빛으로 집안의 작품들을 주의 깊게 둘러보았다.

"우와! 엄청나게 많은 퍼즐 작품이 있군요. 드로잉, 페인팅 그리고 공중에 떠 있는 설치까지 모두 퍼즐이군요. 그리고 퍼즐과 다른 것들을 조합한 것도 있네요? 다들 굉장해요."

카메라맨은 그녀의 시선을 따라 키이스의 작품들을 하나하나 비추었다.

"이건 엄청나게 큰 퍼즐이네요. 이 거대한 퍼즐 옆에 있으니 제가 마치 이상한 나라의 엘리스가 된 기분이에요. 그리고 이건 또 뭐지요? 아! 거울로 된 퍼즐이군요. 제 얼굴이 조각난 퍼즐로 보이는데요? 기분이 묘한데요. 왠지 제 마음속을 들여다보는 기분입니다."

그녀는 천장 가장 높이에 있는 블랙스타도 찾아냈다.

"저기 검은 별 작품도 멋지군요. 정말 아름다운 검은 별이네요."

그녀는 블랙스타의 아름다움을 단번에 알아보았다.

"퍼즐들의 독특한 구성도 좋지만, 퍼즐과 일상 사물들이 작품에 연결된 것도 무척 재미있네요. 어떻게 이런 생각을 했을까 놀라워요"

"과분한 칭찬이십니다."

"그런데 키이스, 당신의 퍼즐들은 일반적인 퍼즐과는 완전히 다르게 보여요. 서로 그림과 형태가 전혀 맞지 않는 퍼즐들이 서로 멋지게 어우러져 있어요. 어떻게 맞춘 것이지요? 당신만의 퍼즐 맞추는 특별한 비법이 있나요?"

"비법이 없는 것이 저의 비법입니다. 저는 일반적인 퍼즐 맞추기의 룰을 따르지 않습니다. 대신 저의 상상력에 따라 자유롭게 구성합니다.
대신 저만의 룰이 한 가지 있어요. 그건 매번 새로운 것을 시도하는 것입니다. 새로움은 제 작품에서 가장 중요한 가치이기 때문입니다."
나는 키이스가 대답하는 것을 보고 놀라 입이 떡 하니 절로 벌어졌다.
그는 카메라 앞에서 전혀 주눅 들지도 않고 진짜 예술가 같은 대답을 했다.
"퍼즐들을 그림대로 맞추지 않고 상상에 따라 자유롭게 구성한다니 정말 새로운 연결 방식이군요."
아나운서는 작품들을 유심히 둘러보며 연신 질문을 해댔다.
"키이스, 그런데 여기 무지개색의 퍼즐은 연결 방식이 뭔가 달라 보여요. 왜 그렇지요?"
"그 퍼즐들은 모두 상처가 있는 퍼즐이에요. 저는 그 상처들을 서로 연결했어요."
"그렇군요. 그럼 이 오목한 부분이 상처인가요?"
연결 부분을 자세히 보고 있는 그녀의 초록색 눈동자가 깊어졌다.
그녀는 자신의 상처를 떠 올린 것 같았다.
그녀처럼 완벽해 보이는 사람도 마음속에 깊은 상처가 있는 것일까?

"키이스, 어떻게 이 많은 작품의 아이디어를 매번 새롭게 생각해 내는 것인지요? 혹시 당신에게 영감을 주는 뮤즈*라도 있나요?"

키이스는 그녀의 이번 질문에는 선뜻 답을 못했다. 한동안 뭔가에 홀린 듯 쉼 없이 퍼즐 작업을 해 왔지만, 그때마다 상상들이 어떻게 일어났던가는 막상 키이스 자신도 모르고 있었다.

키이스는 대답을 못 하고 한참을 골똘히 생각에 잠겼다.

이 방송은 생방송이라서 이렇게 시간을 끌면 안 된다. 대사 없는 긴 공백은 자칫 방송사고로 보이기 때문이다.

다들 초조한 마음으로 그의 대답을 기다렸다.

고민하던 키이스가 드디어 답을 생각해 냈는지 갑자기 얼굴이 환해졌다.

그는 느닷없이 테이블 위에 서 있던 나를 가리켰다.

"저기 쿨 퍼즐이 저에게 아이디어를 줍니다."

아나운서는 테이블로 다가와 허리를 숙여 나를 내려 보았다.

순간 당황한 듯 그녀의 초록색 동공이 빠르게 흔들렸다.

"이건 아무 그림도 없는 흰 퍼즐인데요? 이 퍼즐이 당신에게 많은 아이디어를 준다고요? 정말인가요?"

"네, 그렇습니다. 당신 말대로 쿨 퍼즐은 아무 그림도 색도 없

---

* 뮤즈: 그리스 로마신화에 등장하는 신으로 음악 또는 다른 예술 분야를 관장하는 신. 보통 예술가에게 영감을 주는 사람을 뜻함

어요. 그렇기에 흰색 도화지처럼 무엇이든 그릴 수 있어요, 아무 생각이 없을 때도, 그를 마주하면 신비로운 마술에 걸린 듯 온갖 작품의 형상이 떠오르지요. 그때마다 저는 그 상상이 이끄는 데로 작품을 해왔어요."

"아 그렇군요. 그렇다면 이 그림 없는 퍼즐이 당신의 뮤즈인 것이 틀림없네요."

아나운서는 카메라를 똑바로 마주 보더니 정식으로 나를 소개했다.

"시청자 여러분! 이 멋진 작품들의 뮤즈인 쿨 퍼즐입니다!"

아나운서를 비추던 카메라 렌즈가 나에게로 방향을 돌렸다.

'나더러 뮤즈라니'

나는 너무 놀라서 얼굴뿐 아니라 머릿속까지 하얘졌다.

그리고 감격에 목이 메어왔다. 여기서 울면 안 된다. 나는 울지 않으려고 눈을 질끈 감았다.

카메라가 렌즈를 조여 나를 점점 더 가까이 클로즈업했다.

큰일이다. 이제야 고백하건대 나는 카메라 울렁증까지 있다.

텔레비전 화면에 가득 차게 흰색이 담겼다.

'오 마이 갓'

텔레비전 전체가 하얀 스크린이 되어 버렸다.

아무래도 이건 방송사고다.

방송 이후에 고맙게도 미술반의 선생님이 키이스의 재능을 알아보시고 일주일에 한 번씩 무료 개인지도를 해주기로 했다. 한 번도 미술을 제대로 배운 적이 없는 키이스가 단순한 선 긋기 같은 지루한 기초데생을 고분고분 따라갈 수 있을까 내심 걱정이 되었다.

그러나 나의 우려와 달리 그는 성실하게 잘 따라 했다.
키이스는 도서관에서 유명 화가들의 화집을 빌려 미술사도 공부하고 다른 학생들과 어울려 시내에 있는 갤러리를 관람하러 다녔다.
늘 혼자이던 키이스에게 또래의 친구들이 생긴 것이다. 그는 빼먹던 수업도 시간 맞추어 잘 다니고 소홀했던 숙제도 꼬박꼬박 해냈다.
그리고 주말에는 여전히 폐지에 그림을 그리고 주워온 오브제로 이상야릇한 형태의 조각을 만드는 작품들을 계속했다.
그는 포기했던 꿈을 다시 꾸기 시작한 것이다.

가능하지 않아 보이는 꿈은 애당초 꾸지도 말아야 된다고 생각했던 나의 생각은 보기 좋게 틀렸다.

모두 같은 꿈

어릴 적부터 나의 꿈은 큰 그림 퍼즐이 되는 것이었다.
주위의 다른 퍼즐들도 모두 같은 꿈을 꾸었다.
그들은 해바라기나 파도 그림처럼 희망하는 큰 퍼즐 그림이 있었지만 나는 희망하는 그림 따위는 없었다.
그림도 없는 퍼즐인 내가 무슨 선택권이 있겠는가?
그저 아무것이라도 되기만 하면 감지덕지인 셈이다.

그러나 아무것이나 되는 것마저도 쉽지 않은 일이었다.
내게는 부족한 점이 너무 많았고 나는 그걸 채우려고 부단한 노력을 했었다.
하지만 모자라는 것은 아무리 메워도, 채워지지 않았다.

그래서 나는 언젠가부터는 적당히 살게 되었다.

그런데 부족하든, 불가능하든 상관 않고 자기가 원하는 곳을 향해 씩씩하게 뚜벅뚜벅 걸어가는 키이스를 보니 생각이 달라지는 것이다.

나도 다시 큰 그림을 꿈꿔보고 싶어졌다.
가만히 눈을 감고 큰 그림이 된 나를 상상해 보았다.
아무리 뿌연 안개 속에 있는 것처럼 아무것도 보이지 않았다.
왜 아무것도 보이지 않고 가슴도 뛰지 않는 것일까?
나는 순간 깨달았다.
어쩌면 큰 그림이 되는 건 나의 꿈이 아닐지 모른다.

지금 생각해 보면 큰 그림이 되는 건 다른 퍼즐들이 꿈이었다.
그건 애초에 내 그림이 아니었다.
그렇기에 나는 내가 원하는 어떤 큰 그림도 상상이 되지 않고 가슴이 뛰지도 않는 것이다.
나는 그것이 다른 퍼즐들이 꿈일 뿐 나의 꿈은 아니었다는 것조차 몰랐던 것이다

나는 난생처음으로 나에게 진지하게 질문해 보았다.
'내가 진짜 원하는 것은 무엇이니?'

나는 나의 대답에 귀를 기울여 보았다.
잘 들리지 않았다.
가만히 더 귀를 기울였다.
갓난아기의 옹알이 같은 소음이 들렸다.
무슨 말인지 알아들을 수가 없었다.
아무도 들어주지 않아서 내 마음속의 목소리가 그만 도태되어 버린 것이다.
기가 막혀서 멍해졌다.
내가 진짜 원하는 것이 무엇인지를 한 번도 내게 귀 기울여주지 못한 것을 이제야 알았다니.

하지만 일단 나의 목소리에 귀 기울이자 내 심장이 기쁘게 두근두근 뛰고
알 수 없는 나의 미래가 너무너무 궁금해지는 것이다.
나는 조심스럽게 다시 물었다.
내가 진짜 하고 싶은 것은 뭐니? 라고 묻고 내 마음에 귀를 기울였다.
마음의 목소리는 가늘고, 두서없이 웅얼거린다.
심하게 도태되어 무음에 가깝다.
하지만 정성 들여 귀를 기울이면 내면의 목소리는 조금씩 커질 것이다.
언젠가는 크게 또박또박 대답할 것이다.

그때가 올 때까지 나는 포기하지 않고 매일 나에게 묻기로 했다.

나는 지금 하늘을 날고 있다.
투명 집에 처음 왔던 날처럼, 아주 높은 곳을 여유롭게 날고 있다.
이번에는 떨어지는 것이 아니고 진짜 하늘을 날고 있는 것이다.
비행기를 타고 말이다.
창밖으로 내려다보는 구름이 넘실대는 파도 같다.
파도이길 바라던 파란 퍼즐이 보고 싶어졌다.
잠시 투명 집에서의 추억에 파묻혀 있다가 창밖을 다시 보니 구름은 땅 전체를 뒤덮은 폭신하고 거대한 이불솜으로 바뀌었다. 그리고 다시 이불솜은 여기저기 흩어져 풀을 뜯는 양 떼로 변신했다.
구름은 한 가지 모습을 고집하지 않는다.
나는 구름의 이런 모습을 좋아한다.
지나가는 바람에 몸을 맡긴 채 흘러가는 구름을 보면 내 가슴이 뛴다.
다음에는 무엇으로 변신하려나? 하고 기대가 된다.
나도 구름같이 늘 새롭고 싶다.

옆에서 곤히 잠을 자고 있던 키이스가 깨어나서 투명한 케이스에 나를 넣은 후 줄을 달아 조심스럽게 목에 걸었다.

비행기에서 내릴 준비를 하는 것이다.

키이스는 미술대학을 졸업하고 작가로 살아가고 있다.
그는 열심히 그리고 꾸준히 전시를 해왔고 나는 거기에 늘 함께 해왔다.
키이스는 언제나 새로운 생각을 해냈고, 새 생각들을 작품으로 보여주려 노력해 왔다. 나는 그런 일을 함께하는 것이 재밌고, 보람되었다.
나는 키이스의 작품의 모델이었고 뮤즈였다.
우리는 운 좋게도 세계 곳곳의 미술관에서 초대를 받았다.
우리가 이번에 가는 곳은 지도에서는 수없이 보았지만, 아직 한 번도 가보지 못했던 나라이다.
나는 거기에서 또 다른 모습으로 변신할 것이다.
쉼 없이 형태를 바꾸는 구름처럼 매번 새로워지는 그런 모습의 나!
생각만 해도 가슴 뛰고 설렌다.
이 기쁨은 의심할 여지없이 진짜로 기쁜 감정이다.
나는 열심히 살아왔고 나도 모르는 사이 이미 내가 원하는 꿈을 따라가고 있었다.
창밖을 다시 내다보니 양떼구름은 벌써 어디론가 사라지고 그 아래 작은 수목과 집들이 나타났다.
땅에 가까워질수록 작은 집들이 점점 커지고 있다.

우리는 곧 착륙할 것이다.
이번에 우리는 무엇을 보게 될지 그리고 거기에서 어떤 작품을 하게 될지 설렌다.

창으로 내 모습이 비쳐 보인다.
투명한 케이스 속에 있는 내 모습은 그림이 없는 퍼즐이다.
여전히 그림도 색도 없는 결핍투성이 퍼즐이다.
나는 결핍들로 인하여 힘들어했지만 이제는 그것들이 더 이상 나를 괴롭히지 않는다.
나는 색이 없었기에 아름다운 흰색 퍼즐일 수 있었고
그림이 없었기에 온갖 상상을 이끌어 내는 뮤즈도 될 수 있었다.
결핍은 길고도 힘든 터널을 지나는 동안 그것의 진정한 가치를 깨닫게 해주었다.
나는 이제 진정으로 내 모습이 좋아 보였다.
'나는 여전히 그림 없는 퍼즐이다.'

작
가
의
말

이 소설은 청소년과 어른을 위한 소설이다.
생각의 프레임을 바꾸면 모든 것이 달라 보인다.
편견과 고정관념을 걷어내고 스스로 자신을 소중하게 여기고 자신이 가진 것이 어떤 것이든 충분히 훌륭하다고 인정하는 것이 그 무엇보다 중요하다.

주인공 '그림 없는 퍼즐'은 아무 그림도 색도 없는 퍼즐이다.
그는 그림 없는 퍼즐도 퍼즐일까? 하는 자신의 정체성에 늘 혼란스러워하면서도, 언젠가는 당당히 큰 그림의 일원이 될 수 있을 거라는 꿈을 꾸며 씩씩하게 살아간다.
다른 평범한 퍼즐들이 하나둘씩 큰 그림을 찾고 홀로 남겨진 그는 진공청소기 안으로 빨려 들어가는 불행이 닥친다. 우여곡절 끝에 탈출해서 새로운 세상으로 가지만 그곳은 쓰레기통과 다를 바 없는 우울한 현실이 기다린다.

새 보금자리에서는 자신을 별이라고 주장하는 판자 조각을 만나 자신의 정체성에 대해 새로운 시각을 가지게 된다.

또한 키이스라고 하는 불우한 흑인혼혈소년에게 우연치 않게 꿈을 찾아주는 역할을 하게 되고 그로 인해 자신의 꿈도 찾게 된다.

어쩌면 당신은 소설의 주인공 그림 없는 퍼즐처럼 살아가는지 모른다.

막연히 큰 그림의 일원이 되기를 꿈꾸며

남들이 달리는 한 방향으로 맹렬히 숨도 쉬지 않고 달려간다.

당신이 원하는 큰 그림이 무엇인지 생각해 볼 시간이 없다

생각해 볼 시간 동안 더 빨리 달려야 한다.

모두가 원하는 큰 그림은 분명 나도 가야 하는 목표일 것이다.

하지만 목표에 맞추어 나의 길이를 재면 늘 나는 너무 짧다.

스스로 채찍질하며 모자라는 것을 아무리 늘려도 나는 늘 모자란다.

그들의 기준에 맞춘 자로 재기 때문이다.

우리는 모두 이렇게 고군분투하고 있는 한 조각의 그림 없는

흰색 퍼즐일지 모른다.
내가 달려가는 그곳이 진짜 내가 원하는 곳일까?
목적지가 어디인지도 모르고 밝게 불이 켜져 있는 그곳으로 불나방처럼 무조건 몸을 던지는 건 아닐까?
나의 내면의 목소리를 외면하고
타인의 목소리에 귀를 기울이고 타인의 꿈을 쫓아왔던 건 아닐까?

내가 진짜 원하는 것이 무엇인지?
무엇이 나를 가슴 뛰게 하는지?
무엇이 나를 행복하게 하는지?
내 안의 목소리에 귀 기울여야 한다.
내면의 목소리는 도태되어 무음에 가깝다.
그 목소리는 가늘고, 두서없이 웅얼거린다.
나의 목소리를 귀담아듣지 않았기 때문이다.
포기하지 않고 계속 귀를 기울이면 내면의 목소리는 조금씩 커질 것이다.
그리고 어느 순간 조리 있게 또박또박 내게 말할 것이다.
'귀를 기울여 보라.'